Bodo Meier-Böhme
Die Spur führt nach Samos

ctb calwer taschenbibliothek 70

Bodo Meier-Böhme

Die Spur führt nach Samos

Sechs Freunde und der Apostel Paulus

Calwer Verlag Stuttgart

Für meinen Sohn

Die Deutsche Bibliothek – CIP-Einheitsaufnahme

Meier-Böhme, Bodo:
Die Spur führt nach Samos: sechs Freunde und
der Apostel Paulus / Bodo Meier-Böhme. –
Stuttgart: Calwer Verl., 1998
  (Calwer Taschenbibliothek; 70)

ISBN 3–7668–3564–5

2. Auflage 2002
© 1998 by Calwer Verlag Stuttgart
Satz: Karin Klopfer, Calwer Verlag
Umschlaggestaltung: Karin Sauerbier, Stuttgart, unter
Verwendung einer Zeichnung von Reinhard Klink, Osnabrück
Druck und Verarbeitung: Gutmann + Co., 74388 Talheim

Inhalt

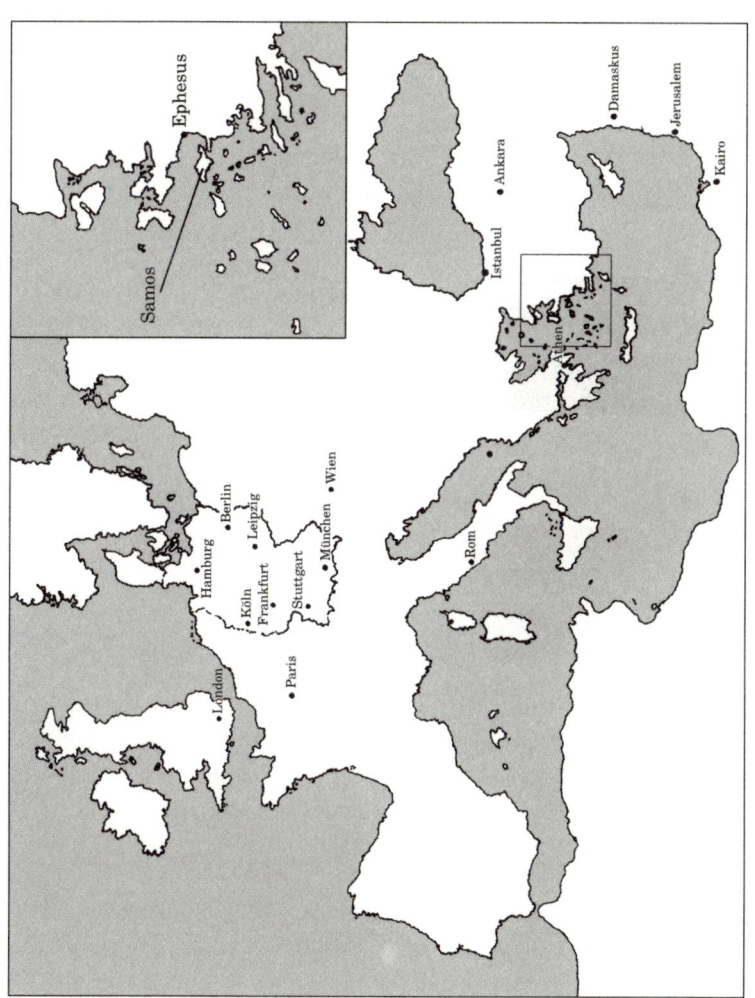

Ephesus

Samos

Damaskus

Jerusalem

Kairo

Ankara

Istanbul

Athen

Rom

Berlin

Leipzig

Hamburg

Köln

Frankfurt

Stuttgart

München

Wien

London

Paris

In der Schule

Jetzt kam schon der dritte Besucher. Und wie die ersten beiden, so wurde auch dieser wieder verjagt. Der kleine Piepmatz war ganz schön frech. Er ließ sich nicht so schnell von seinem Ast verscheuchen. Er drehte sich nach vorne und nach hinten, hüpfte auf seinem Ast herum und ließ niemanden neben sich sitzen. Offensichtlich gefiel ihm die Aussicht. Vielleicht fühlte er sich so hoch oben im Baum auch recht wohl, zwischen all den Blättern und Zweigen versteckt. Da konnte ihm niemand etwas anhaben – und das ist ein Gefühl, das es zu verteidigen gilt.

Immer wieder drehte er sich auf seinem sicheren Posten und schaute unverwandt durch das Fenster ins Klassenzimmer, in dem Lucie saß und die Begegnungen und Bewegungen des kleinen Vogels beobachtete.

Ach, das war aber auch alles viel schöner und interessanter als diese langweilige Geschichte, die Frau Blanker gerade mit ihrer Klasse besprach. Genauer gesagt: Mit einem Teil der Klasse, dem überwiegenden Teil. Lucie jedenfalls hatte überhaupt keine Lust, nach einer Antwort auf die Frage zu suchen, ob Kinder etwas machen dürfen, was ihre Eltern ihnen verboten haben. Das nämlich war das Thema der Geschichte, die sie jetzt gerade zum zweiten Mal zu lesen anfingen, um die Situation der Mutter, die darin vorkam, besser verstehen zu können. Lucie war das irgendwie egal. Natürlich, das ist schon wichtig, das Verhältnis zu den Eltern; ihre Sorgen und die Wünsche der Kinder. Aber Lucie fragte sich, ob man das immer wieder in der Schule besprechen musste. Gab es nicht viel wichtigere Dinge, von denen sie keine Ahnung hatte und die sie doch so gerne erfahren würde? Was denkt der Vogel dort auf dem Ast? Ist er traurig oder zufrieden? Wie findet er seinen Platz zum Schlafen für die Nacht? Können Vögel küssen und wie ist es für sie? Wie ist das, wenn man küsst? Kann man im Weltraum Rad fahren? – Was könnte man alles lernen, wenn man etwas machen würde, das nicht geplant ist!

Lucie ließ ihren Blick zu dem Baum mit dem kleinen Piepmatz wandern und seufzte. Sie musste daran denken, dass sie in zwei Tagen eine Arbeit über diese Geschichte schreiben würden. Und eigentlich hatte sie nichts verstanden, ja, sie konnte die Geschichte noch nicht einmal richtig wiederholen.

Bei dem Gedanken an die Arbeit wurde ihr richtig flau in der Magengrube. Sie kannte dieses Gefühl. Es war, als sei sie nicht wichtig. Immer wieder kam ihr der Gedanke, dass sie nichts könne, dass sie zu nichts nütze sei, zu viele Fehler habe. Natürlich, sie war ziemlich gut in Mathe und konnte auch ganz gut tanzen in ihrer Tanzgruppe. Aber was zählte das alles? Einmal hatte sie ein Buch gelesen, in dem ein Mädchen ständig Fehler machte. Alle lachten sie aus und niemand nahm sie ernst. Das Mädchen sollte etwas kochen für ihre Familie, weil alle zu beschäftigt waren. Also ging sie früher nach Hause und fing an. Aber ihr fehlten alle möglichen Zutaten; sie hatte vergessen, sich rechtzeitig darum zu kümmern. Also mixte sie einfach irgendetwas zusammen. Bei Tisch verzogen dann alle das Gesicht; sogar ihre Mutter ließ das Essen stehen. Der Vater war wütend und schrie: »Bist du denn zu überhaupt nichts nütze?«

Ganz so war es bei Lucie nicht. Zwar konnte sie auch nicht kochen, und sie vergaß häufig Dinge, an die sie hätte denken sollen. Vielleicht fühlte sie sich gerade deshalb diesem Mädchen in dem Buch so nahe.

Komisch, manchmal saß Lucie da und überlegte, warum sie sich so fühlte. Und dann fiel ihr nichts ein. Ihre Eltern machten ihr nie irgendwelche

Vorwürfe, mit ihren Freunden kam sie gut aus, und auch in der Schule war sie im Ganzen gesehen guter Durchschnitt. Aber dieses Gefühl, nichts zu haben oder zu können, was wichtig oder bedeutend sein könnte, wurde sie nicht los.

Und deshalb hatte sie sich eigentlich vorgenommen, endlich einmal in der Deutscharbeit übermorgen zu glänzen. Aber jetzt merkte sie, dass es wohl wieder nichts werden würde. Ständig verpasste sie solch gute Chancen. Aber vielleicht konnte sie sich doch noch einmal ranhalten und am eigenen Schopf aus dem Sumpf ziehen.

Natürlich wartete da noch ein gehöriges Stück Arbeit auf sie, zu Hause, alleine an ihrem Schreibtisch. Aber wenn sie ihre Mutter lieb bat, würde sie ihr bestimmt helfen. Und vielleicht könnten sie dann auch zusammen die Frage besprechen, wie Eltern und Kinder ihre unterschiedlichen Vorstellungen und Anschauungen am besten miteinander in Einklang bringen könnten. Das konnte vielleicht ungemein spannend sein. Aber Lucies Lust, das Versäumte für die Arbeit nachzuholen, sank gleich wieder auf Null. Immerhin versprach das Gespräch mit ihrer Mutter einige Abwechslung. Sie und Lucie waren fast nie einer Meinung. Dabei gab sich ihre Mutter einige Mühe, den manchmal ein wenig verworrenen Gedankengängen ihrer Tochter zu folgen. Und diesen stellte sie dann ihre Meinungen und Ansichten entgegen. So kam es häufig vor, dass ihre Diskussionen bei einem Punkt begannen, und nach einiger Zeit waren sie bei einem völlig anderen Thema gelandet und hatten in der Zwischenzeit viele andere Dinge angesprochen. Lucie nahm sich vor, mit ihrer Mutter diese unheimlich wichtige Frage, die ihre Deutschlehrerin Frau Blanker gerade noch einmal der Klasse stellte, zu besprechen.

Lucies Blick ging wieder nach draußen. Sie beobachtete erneut den kleinen Piepmatz im Baum, der für sich wohl die Frage geklärt hatte, wo sein Platz für diese Nacht sein könnte, als Lucie plötzlich ihren Namen hörte. Wie von weither schien die Stimme zu kommen. Sie schaute zu Frau Blanker. Das konnte doch nicht wahr sein. Sie war dran. Die Lehrerin hatte Lucie drangenommen, obwohl sie sich nicht gemeldet hatte. »Nun, Lucie, träumst du etwa schon wieder? Warum lehnt die Mutter den Wunsch des kleinen Florian ab?« Lucie war völlig irritiert. Natürlich wurde man von Frau Blanker auch mal aufgerufen, wenn man sich nicht gemeldet hatte. Aber normalerweise passierte das nur einmal in der Stunde. Gerade eben aber wurde Lucie schon zum dritten Mal aufgerufen und ermahnt. »Entschuldigung, ich habe nicht aufgepasst. Es soll jetzt wirklich nicht mehr passieren.« Lucie schaute der Lehrerin schuldbewusst in die Augen und hörte, wie Frau Blanker den dicken Tim drannahm, der nachmittags zu Hause dicke Bücher las. Dann wurde der nächste Abschnitt gelesen, und Lucie stellte fest, dass sie die Antwort des dicken Tim nicht gehört hatte, weil ihre Gedanken schon wieder ausgewandert waren. Jetzt aber wollte sie nicht ein viertes Mal auffallen und schaute deshalb angestrengt in ihr Buch.

Sie vergrub sich förmlich darin. Sie starrte die Buchstaben an und konnte trotzdem kein einziges Wort lesen – vielleicht gerade weil sie so starrte. Plötzlich tauchte etwas hinter den gedruckten Buchstaben auf. Es sah aus wie ein Gesicht. Sehr unscharf, nur schemenhaft, das Gesicht eines Mädchens. Zuerst dachte sie, sie hätte das Bild als Hintergrund des Textes vorher nicht gesehen. Aber plötzlich veränderte sich das Gesicht. Das Mädchen bewegte sich, es wurde deutlicher. Sie hatte lange schwarze Haare, leicht gelockt. Sie mochte vielleicht so alt sein wie Lucie selbst.

Na prima, jetzt fange ich schon an zu spinnen, dachte Lucie bei sich, traute sich aber nicht, den Kopf zu heben, sonst würde sie vielleicht das Bild vor ihren Augen verscheuchen. So starrte sie weiter in ihr Buch, und plötzlich sah das fremde

Mädchen ihr direkt in die Augen. Die beiden Mädchen blickten einander an und Lucie schien es, als hätte das andere Gesicht Angst. Die Augen waren dunkel, fast schwarz, und auf einmal war es Lucie, als bewegten sich die Lippen. Tatsächlich, ihr Gegenüber schien etwas zu sagen. Lucie vergrub sich noch mehr in das Buch. Sie neigte den Kopf ein wenig zur Seite, fast so, als wolle sie näher an das Mädchen heran, um sie besser verstehen zu können. Der Mund öffnete und schloss sich, der Blick wurde sichtlich bittender, ängstlicher, fast flehend. Wieder hörte Lucie eine Stimme, die von weither kam. Sie erschrak, weil sie dachte, Frau Blanker hätte sie schon wieder ermahnt. Aber die Stimme redete ohne Unterlass, fast immer die gleichen Worte, die langsam deutlicher wurden, klarer und – sie kamen aus dem Buch.

Das fremde Mädchen sprach – und sie sprach zu ihr. »Kommt. Helft mir. Beeilt euch. Ihr müsst mir helfen. Sie haben Lucius entführt. Ich warte in Ephesus auf euch. Verliert keine Zeit. Es ist das Jahr 54 eurer Zeit. Kommt schnell.«

Immer und immer wieder sprach das fremde Mädchen diese Worte. Lucie war fasziniert. Das war doch spannender als diese blöde Geschichte. Was sollte sie machen? Sie ließ nicht von ihrem

Buch ab, aber allmählich, ganz langsam, wurde das Bild blasser. Doch das Mädchen schien weiterzureden. Es dauerte noch eine kurzer Zeit, dann konnte Lucie nichts mehr verstehen und auch das Bild war verschwunden. Lucie hob den Kopf und schaute aus dem Fenster. Der Vogel war fort. Es klingelte. Für diese Stunde war sie erlöst.

***

Nach Mathe und Musik war die Schule für diesen Tag endlich geschafft. Auf dem Heimweg traf sie Jonas. Sie hatten fast den gleichen Weg und wenn es sich ergab, gingen sie auch gemeinsam. Unter viel Gelächter und Witzeleien kam es schon einmal vor, dass sie die Zeit vergaßen und später als geplant nach Hause kamen. Lucie hatte dann jedes Mal Ärger mit ihrer Mutter, die mit dem Essen auf sie wartete. Aber bei Jonas war niemand. Sein Vater musste arbeiten und sein Bruder war bis zum Nachmittag im Hort. Seine Eltern hatten sich vor einiger Zeit scheiden lassen. So hatte Jonas viel Zeit und niemand machte ihm Vorschriften, wann er nach der Schule zu Hause sein sollte. Man brauchte Jonas auch keine Vorschriften oder Vorhaltungen zu machen. Er achtete gut auf sich selbst. Er verbrachte viele Stunden in der kleinen Garage seines Vaters und tüftelte und bastelte.

Lucie mochte ihn sehr gerne. Man konnte mit ihm albern sein und man konnte auch gut mit ihm reden. Heute war Lucie mehr nach reden.

»Hey, kleines Mädchen. Was ist? Du bist ja so ernst. Hattu eine Problehm?« Manchmal war Jonas richtig affig. Er mochte die Häschen-Witze sehr gerne und kannte fast alle auswendig. Aber Lucie war nicht zu Späßen aufgelegt. »Lass das. Wir schreiben in zwei Tagen eine Deutscharbeit, und ich habe noch nicht einmal verstanden, worüber. Ich habe so ein flaues Gefühl im Magen. Wenn ich die wieder danebenhaue, dann habe ich die vier im Zeugnis sicher. Und das bedeutet, dass meine Mutter nicht mit mir zu dem Konzert der Backstreet Boys gehen wird. Blöd. Ich kann mich einfach nicht konzentrieren. Dauernd passiert etwas Interessanteres, dauernd flattern irgendwo Vögel herum, die es alle besser und spannender haben als ich, und ständig sehe ich Gespenster, die auch noch auf mich einquatschen.«

»Mensch, Lucie, nun mach mal einen Punkt. Du redest ja ohne Punkt und Komma. Welche Laus ist dir denn über die Leber gelaufen? Von welchen Gespenstern faselst du?«

»Ach, eigentlich nicht der Rede wert. Ich glaube, ich habe phantasiert, weil es sonst zu langweilig geworden wäre. Aber komisch war's schon.« Und

Lucie erzählte Jonas die ganze Geschichte und auch davon, was das Mädchen zu ihr gesagt hatte.

»Ich könnte mir vorstellen, dass da was dran ist. Ich weiß nicht so recht. Es klingt irre. Aber irgendwie auch ganz normal. Hast du denn schon einmal etwas von – wie hieß das?«

»Ephesus. Sie hat das alles so oft wiederholt, dass ich es wirklich nicht vergessen konnte. Ephesus. Ich nehme an, das ist ein Land oder so was. Ich habe keine Ahnung. Aber den Namen habe ich genau verstanden: Ephesus und Lucius. Das war leicht zu merken, weil das ja der männliche Name für Lucie ist. Ephesus und Lucius. Und das Jahr 54 unserer Zeit, hat sie gesagt. Meinst du, das ist was für uns?«

»Ich weiß nicht. Eigentlich kannst nur du etwas dazu sagen.«

»Also gut. Ich halte das für wichtig und ich möchte, dass wir uns heute nachmittag in der Ruine treffen. Dort werde ich auch die anderen informieren und wir werden beratschlagen, was wir tun müssen.«

»Aber Lucie, heute ist doch Mittwoch. Wir haben uns doch erst gestern getroffen. Und ich fand es gestern wirklich langweilig. Es gab nichts, was wir hätten tun können. Und außerdem habe ich gerade ein Experiment laufen, das ich heute abschließen möchte.«

Aber Lucie ließ nicht locker. Sie bestand auf Einberufung eines Treffens für den Nachmittag, und die beiden Freunde trennten sich mit der Abmachung, dass Jonas die Jungs und Lucie die Mädchen anrufen sollte. Als er sich verabschiedete, war Jonas ein wenig sauer auf Lucie. Das alles hätte doch auch noch bis nächste Woche Zeit gehabt. Aber manchmal konnte Lucie ganz schön stur sein. Und er mochte Lucie halt.

In der Ruine

Niemand sprach ein Wort. Die fünf Freunde verhielten sich ganz ruhig, auch die Kerze brannte noch nicht. Sie warteten auf Jonas. Es war nicht zu verstehen, weshalb er immer als letzter kam, aber es war so. Und bis jetzt hatte er noch nie ein Treffen versäumt. Selbst als er einmal eine leichte Grippe hatte und für eine Woche nicht zur Schule gehen musste, hat er sich heimlich von zu Hause weggeschlichen und ist zum regelmäßigen Dienstagstreff gekommen – natürlich auch damals als letzter. Aber irgendwie nahmen die anderen fünf ihm das längst nicht mehr übel. Er hatte nun mal andere Vorzüge.

Wie fast immer stolperte Jonas über 10 Füße bis er endlich seinen Platz gefunden hatte. »Verzeiht, es ist so finster hier«, keuchte er völlig außer Atem in die Dunkelheit hinein. Anfangs hatten sie sich vorgenommen, die Ruine gemeinsam mit einer brennenden Kerze zu betreten. Aber das Vorhaben gaben sie schon nach kurzer Zeit auf, weil sie sonst zu lange hätten am Eingang warten müssen. Und dort wären Kinder mit einer brennenden Kerze in der Hand den Erwachsenen sicherlich aufgefallen.

Deshalb verabredeten sie, sich in der Ruine zu treffen und die Kerze in ihre Mitte zu stellen. Wer das außerplanmäßige Treffen einberief, entzündete sie, wenn alle da waren.

Lucie zündete mit einem Streichholz die Kerze an, nachdem Jonas endlich auf seinen Platz gestolpert war. Vier Freunde schauten sie erwartungsvoll und gespannt an. Nur Jonas betrachtete ausgiebig seine Fußspitzen, als hätte er irgend etwas Interessantes entdeckt. Aber offensichtlich war er nur noch ein wenig verärgert.

Lucie schaute in die Runde, räusperte sich und begann zu erzählen, was sie am Morgen in der Schule erlebt hatte. Sie ließ nichts aus und erzählte auch von den dunklen Augen des fremden Mädchens und ihrer flehenden, ängstlichen Stimme. Dann wiederholte sie zwei Mal, was das Mädchen ihr sagte. »Was haltet ihr davon? Was sollen wir tun?« Lucie schaute in die Runde.

»Was erwartest du denn? Sollen wir uns etwa aufmachen und irgendwohin reisen um einen Jungen zu suchen, den wir gar nicht kennen? Das ist doch gefährlich. Wer weiß, was da alles passieren kann. Außerdem kennen wir uns nicht aus. Es kann doch auch sein, dass du das alles nur geträumt hast, weil du ein wenig Abwechslung brauchtest.«

»Das würde ich nicht so schnell abtun. Denkt doch mal daran, was Anja träumte, als wir den Sonntag suchen mussten. Und das war nicht unwichtig. Aber irgendwie hat Sarah schon recht. Wir können nicht einfach etwas tun. Wir müssen zuerst einmal wissen, um was es hier eigentlich geht.«

»Ach, Daniel, das bewundere ich so an dir. Du bist immer so vernünftig. Auf der einen Seite sagen Träume etwas aus und auf der anderen Seite müssen wir auch wissen, was wir zu tun haben. Und wie stellst du dir das bitte schön vor?«

»Also, wenn ihr mich fragt ...« Anja schaute zu Philipp hinüber. Der Kleinste in der Gruppe machte mit diesem unvollständigen Satz auf sich aufmerksam und brach dann aber gleich wieder ab.

»Ja, Philipp, ich glaube, deine Stimme haben wir noch gar nicht gehört.«

»Und das ist schade.«

»Oh, ich liebe seine Stimme.«

»Besonders, wenn er so plötzlich aufhört zu reden. Das hallt in diesem Gemäuer so wunderschön nach.«

»Nun haltet doch endlich einmal die Klappe. Ich glaube nicht, dass wir einander hier sinnlos die Zeit stehlen müssen. Je eher wir fertig sind, umso schneller kann ich nach Hause gehen und nachschauen, was aus meinem Experiment geworden ist.«

»Also gut, Philipp, bitte, sag uns doch endlich, was du meinst.«

Alle schwiegen und sahen Philipp an. Der genoss die Aufmerksamkeit sichtlich. Träumerisch und versonnen schaute er in die Kerze und hob dann unvermittelt seinen Kopf: »Also, wenn ihr mich fragt – wir müssen erfahren, um was es da geht.«

»Das darf doch nicht wahr sein. Und deshalb warten wir so lange. Philipp, deine Ideen waren auch schon einmal origineller.«

»Nein, ich meine das ernst. Hört mir doch erst einmal zu. Wenn Lucie gesponnen hätte, wäre sie nie im Leben auf diese merkwürdigen Namen und Zahlen gekommen. Sie kennt doch den Namen dieses Landes, oder was immer das sein soll, nicht. Wir müssen jetzt herausfinden, ob Eparus, Lucius und 54 etwas miteinander zu tun haben.«

»Genial, Philipp, das könnte von mir sein. Nur leider heißt dieses Land Ephesus. Aber das ist ja egal, Lucie weiß es und ich habe es auch behalten. Wir müssen uns also schlau machen, und deshalb schlage ich vor ...«

»... dass wir in die Bibliothek gehen. Das ist es doch, Daniel, was du mal wieder vorhast. Bekommst du dort eigentlich Kopfgeld für jedes Kind, das Mitglied der Bibliothek wird?«

»Nun lass ihn doch in Ruhe, Sarah. Immerhin hat uns der Besuch in der Bibliothek schon oft weitergeholfen.«

»Ja, ja, ich sage ja gar nichts. Ich finde es dort ja auch ganz schön. Aber wenn wir nichts finden, werden wir auch nichts unternehmen, ja? Ich möchte nicht, dass wir irgendwie unüberlegt handeln und in ein Abenteuer stürzen, das nicht für uns bestimmt ist.«

»Sarah, das will ich auch nicht. Und genau deshalb ist es sinnvoll, nachzuforschen, was dieser geheimnisvolle Traum zu bedeuten hat. Und wenn wir nichts finden, bleibt alles, wie es ist.«

»Also gut, die Bibliothek. Aber da müssen wir doch nicht alle hin, oder?«

»Nein, ich denke, dass du unbesorgt zu deinem Experiment gehen kannst. Es war schön, dass du uns deine wie immer verspätete Ehre gegeben hast. Also, wir treffen uns in zwei Stunden wieder hier.«

»Gut, aber ich muss nach Hause. Mein Gitarrenlehrer wartet schon auf mich, und ich habe wieder nicht geübt. Ich komme nachher direkt hierher.«

Lucie, Sarah, Anja und Daniel machten sich auf den Weg in die Bibliothek.

Jonas und Philipp gingen nach Hause. Wenn sie gewusst hätten, was sie verpassten, hätten sie die Freunde bestimmt begleitet.

Eine unmögliche Begegnung

»Ich setze mich wieder dort hinten ans Fenster. Da ist es schön hell und ich werde auch nicht ständig gestört.«

»Und ich setze mich unter die Palme. Da habe ich immer das Gefühl, als sei ich im Urlaub. Naja, ist ja auch fast so. Immerhin habe ich mir für heute das blöde Büffeln geschenkt. Och, schade, mein Lieblingsplatz ist besetzt. Gut, dann gehe ich auf die andere Seite und stelle mich an das Stehpult. Das macht einen so gelehrten Eindruck.«

»Das kann schon sein. Aber bei dir sieht das immer ein wenig merkwürdig aus, weil du kaum auf die Platte gucken kannst. Wir werden mal einen Brief an die Bibliotheksleitung schreiben müssen, dass sie ein Stehpult für kleinwüchsige Mädchen anschaffen sollen.«

»Du bist echt doof, Daniel. Du hast ja deinen Platz. Sarah und ich lümmeln auf dem Sofa in der Mitte. Also, wenn ihr irgendwelche Fragen habt, dann könnt ihr gerne zu uns kommen. Wir haben auch eine Cola für euch, wenn ihr mögt.«

Die vier Freunde verschwanden in ihren Lieblingsecken, breiteten sich aus und suchten sich ihre Bücher zusammen. Dann hörte man lange nichts. Sarah stand einmal auf und ging in die Cafeteria, um für sich und Anja eine Cola zu holen. Eine Stunde lang lasen sie und machten sich Notizen. Daniel verschwand kurz und kehrte mit einem sehr alten Buch zurück.

Dann kamen sie wieder zusammen. Auf dem kleinen Tisch zwischen dem Sofa und den drei gemütlichen Sesseln türmten sich innerhalb kürzester Zeit Berge von Büchern, beschriftete Papierfetzen mit klebrigen Colaflecken, die garniert waren mit den Krümeln der Kekse, die Anja noch in ihrer Tasche gefunden hatte.

»Also . . . «, Lucie kaute noch immer, »ich denke die Spur ist heiß. Es gibt, oder besser, es gab eine Stadt, die Ephesus hieß. Sie lag in der heutigen Türkei . . . «

»Da waren wir letztes Jahr im Urlaub«, platzte Sarah dazwischen.

»Ja, gut, aber die Stadt wirst du nicht mehr gesehen haben, denn die gibt es nicht mehr. Früher gab es dort sogar mal einen Hafen, was automatisch bedeutet, dass es den Menschen dort gut ging. Wo ein Hafen ist, gibt es auch viel Handel, und die Leute können ganz gut leben. Später wurde die

Stadt durch ein Erdbeben zerstört, und im Mittelalter verschwand der Hafen, weil es plötzlich weder Fluss noch Meer an dieser Stadt gab. Das verstehe ich zwar nicht, wie das Meer plötzlich verschwinden kann, aber es war so. Und dann hat die Bevölkerung die Stadt aufgegeben. Vor etwa 130 Jahren hat man sie dann wieder ausgegraben ...«

»Genau, und dabei wurde ein riesiges Theater entdeckt. Das sieht toll aus. Wartet mal, das muss ich euch zeigen.« Daniel suchte ein Buch, konnte es aber im Durcheinander der Bücher auf dem Tisch nicht gleich finden. »Ich hab's gleich. Moment.« Daniel sprach weiter, während er das Buch suchte: »Was aber viel interessanter ist: In dieser Stadt stand eines der sieben Weltwunder, der Tempel der Artemis. Ich habe nicht nachgeguckt, welches die anderen sechs Wunder gewesen sein sollen. Artemis jedenfalls war eine griechische Göttin, und die war zuständig für eine gute Ernte und für die Jagd. Sie musste auch darauf achten, dass die Frauen gesunde Kinder bekamen. Deshalb galt sie als Herrscherin des Lebens. Meistens kamen junge Mädchen zu ihr und haben sie um ihren Schutz angefleht. Aber auch andere Menschen kamen und beteten diese Göttin an. Das muss eine riesige Statue gewesen sein, die sie dort in diesen Tempel gestellt haben.«

»Ich habe lange nach der Jahreszahl gesucht. Das war gar nicht so leicht. Aber ich habe etwas gefunden. Und das bedeutet, dass ich denke, dass die Spur tatsächlich heiß ist, leider.« Sarah klang nicht enttäuscht oder ängstlich, eher ein wenig aufgeregt, denn sie hatte sich sehr intensiv damit beschäftigt herauszufinden, was im Jahre 54 in Ephesus los war. »Zuerst habe ich alle Daten der Stadtgeschichte zusammengetragen. Ich kann jetzt fast ein Buch darüber schreiben. Aber das ist nicht besonders spannend für uns.«

»Nun mach schon, spann uns nicht ewig auf die Folter.«

»Ihr werdet es kaum glauben: Im Jahr 54 war der Apostel Paulus in Ephesus. Ihr wisst doch, dass er drei Mal durch die Gegend gefahren ist und in verschiedenen Städten den Leuten etwas von Jesus erzählt hat. Und auf seiner letzten Reise hat er für einige Jahre in Ephesus Station gemacht. Im Jahr 54 war er auf alle Fälle dort.« Anja schaute von einem zum anderen.

»Nun mach mal langsam. Ich bin nicht so schnell im Begreifen. Meinst du den Paulus, der diese ganzen Briefe geschrieben hat, die in unserer Bibel zu finden sind.«

»Richtig, genau den. Und diese Briefe sind auch sehr alt. Die anderen Sachen, die im Neuen Testament stehen, sind nicht ganz so alt. Und das bedeutet, dass Paulus Jesus noch gekannt haben könnte. Also, ich meine, begegnet sind sie sich sicher nicht. Paulus kam aus einer kleinen Stadt, Tarsus hieß die, und die lag ebenfalls in der heutigen Türkei. Und Jesus selbst lebte ja in Israel, viele, viele Kilometer entfernt. Paulus war Jude, aber irgendwie auch römischer Bürger, weil seine Stadt von den Römern damals besetzt war. Dadurch hatte er später viele Vorteile.«

»Stop mal«, unterbrach sie Daniel. »Ich kann mir nicht vorstellen, welche Vorteile es haben soll, Römer zu sein. Bei Asterix und Obelix werden die immer vermöbelt.« Lucie und Anja lachten, aber Sarah fand das gar nicht komisch. »Wir reden hier nicht von Comics, sondern vom echten Leben, Daniel, falls du damit was anfangen kannst.« Daniel streckte ihr die Zunge raus und grinste. »Passt auf, die Römer hatten das Sagen zu der Zeit, und es war gut, wenn man römischer Staatsbürger war. Zum einen kann man sich vorstellen, dass dieser Paulus in einer recht wohlhabenden Famile groß wurde; zum anderen brauchten sich Menschen mit römischer Staatsbürgerschaft nicht alles gefallen zu lassen, genossen also einen ganz anderen Schutz gegenüber der Polizei und Justiz als Nicht-Römer. Ich glaube, das ist heute in vielen Ländern auch nicht anders.«

Daniel hustete gekünstelt: »Ja, ist ja gut. Ich habe ja nur eine einfache Frage gestellt. Ich kann's mir vorstellen. Wenn du jetzt bitte weitermachen würdest.«

Aber Sarah ließ sich weder provozieren noch aus der Ruhe bringen. Wenn sie einmal von etwas gefangen und begeistert war, ließ sie sich nicht abbringen von ihrem Weg. Und die Sache mit Paulus interessierte sie. »Also gut. Die Menschen dort sprachen aber nicht römisch, sondern ... Moment mal. Quatsch. Sie sprachen griechisch und nicht lateinisch, genau, so war's. Irgendwann ist Paulus, der sich zu dieser Zeit noch Saulus nannte, nach Damaskus gelaufen. Heute liegt das in Syrien. Also auch eine ganz schöne Strecke. Er hatte es sich zur Aufgabe gemacht, die Anhänger Jesu zu verfolgen. Versteht ihr? Dieser Saulus war ein ganz streng gläubiger Jude, und die Anhänger von Jesus galten als eine Art Sekte, eine jüdische Sekte. Deshalb war Saulus gegen sie und reiste quer durch das Land, um sie vom richtigen Glauben zu überzeugen.«

»Komisch«, warf Lucie ein, »die waren früher alle richtig gläubig, glaubten an Gott und Statuen und so. Ich kann das gar nicht richtig verstehen. Ich bin nicht gläubig. Ihr vielleicht?«

Sie sahen einander an und schüttelten die Köpfe. Nur Anja meinte: »Ich weiß auch nicht. Naja. Erzähl weiter, Sarah!«

»Nun, und irgendwo auf diesem Weg soll ihm dann Jesus begegnet sein, der aber eigentlich schon lange tot war.«

»Das erinnert mich an mein Mädchen aus dem Buch. Gut, ich weiß nicht, ob die tot ist, aber so richtig wirklich ist das ja auch nicht. Wie kann man einem toten Menschen auf offener Straße begegnen?«

»Lucie, Jesus ist doch nach seinem Tod wieder auferstanden. Das haben wir doch gerade erst vor einigen Wochen in Reli gelernt.«

»Ja, das stimmt. Aber es ist doch schon komisch, wenn man glaubt, etwas zu sehen, was gar nicht sein kann, oder?« Lucie schaute in drei schweigende, fragende Gesichter. »Okay, vergesst es. Ich sage jetzt nichts mehr.«

»Weiter. Paulus, der damals noch Saulus hieß, fiel vor der Erscheinung auf die Knie und verfolgte von dieser Zeit an keine Jesus-Anhänger mehr. Außerdem war das für ihn auch ein Grund, den Namen zu ändern, damit alle wussten, dass sich bei ihm etwas verändert hatte: Er nannte sich jetzt Paulus und verkündete eifrig die Sache mit Jesus allen Menschen, die es hören wollten – oder auch nicht. Da war er wohl manchmal ein bisschen nervig. Jedenfalls kam er in viele Städte und gründete so überall neue Gemeinden. So, ich glaube, das war's. Mehr habe ich nicht herausgefunden. Die Zeit war doch zu kurz.« Sarah ließ sich in die Sofakissen zurückfallen, warf zwei eng beschriebene Blätter auf den Tisch und gönnte sich einen großen Schluck der längst abgestandenen Cola.

»Hat jemand etwas über Lucius herausgefunden?« Daniel schaute in die Runde. Alle zuckten mit den Schultern. Niemand wusste etwas von der Hauptperson, um die es eigentlich gehen sollte.

»Nein, ich habe zwar lange gesucht und vieles gelesen, aber ich habe nichts über einen Lucius gefunden, der etwas mit Ephesus im Jahre 54 zu tun haben könnte.«

»Schade, sehr schade. Eigentlich können wir mit all den Informationen gar nichts anfangen. Das ist zwar ganz nett und schön. Aber was soll das?«
»Daniel, du wolltest uns doch noch das schöne Theater zeigen, das in Ephesus ausgegraben wurde.«

»Ach ja, stimmt. Hier. Ich habe das Bild gefunden. Schau es dir an, Anja. Das ist einfach super.«

Daniel reichte Anja das Buch. Anja sah sich das Bild interessiert an. Plötzlich veränderte sich ihr

Gesichtsausdruck. Sie führte das Buch näher an ihre Augen, kniff die Augen zusammen, strich mit den Fingern über das Bild, hielt das Buch wieder ein Stück von ihren Augen entfernt und wisperte: »Das gibt es doch nicht. Fange jetzt plötzlich ich an zu spinnen?«

Die anderen drei kamen ganz dicht an sie herangerückt und starrten ebenfalls auf das Bild. Was sie sahen, war unglaublich. Im Vordergrund des Bildes sah man die Sitzplätze, die aus Stein gemeißelt waren. Im Halbrund ging es Reihe um Reihe steil und tief nach unten, bis man einen freien Platz erkennen konnte, der wohl die Bühne gewesen war. Der freie Platz war nach vorne und an den Seiten von den Sitzreihen begrenzt. Nach hinten bildete eine Wand mit mehreren Durchgängen, darunter ein größeres Tor den Abschluss. Hinter dieser Wand war das weite Land zu sehen. Auf der linken Seite des Bildes, einige hundert Meter vom Theater entfernt, war ein kleines Pinienwäldchen. Und ganz deutlich zu erkennen stand dort ein Mädchen und machte immer wieder dieselbe Handbewegung.

»Seht ihr auch, was ich sehe?« Daniel hatte Schwierigkeiten, seinen Mund zu schließen. »Lucie, ist das dein Mädchen aus dem Deutschbuch?«

»Es scheint so. Sie ist schlechter zu erkennen. Sie redet auch nicht. Sie winkt bloß.«

»Was soll das bedeuten? Will uns da jemand veräppeln?« Sarah schaute sich vorsichtig um. Sie sah, dass ihr auffälliges Verhalten von einigen Besuchern bemerkt wurde. »Ich glaube, sie will uns ein Zeichen geben.«

»Ja, das glaube ich auch. Und gerade eben, Anja, hast du gesagt, was wir tun müssen. Wir schwingen uns in die Zeitmaschine, und steuern genau diesen Punkt an, am Pinienwäldchen hinter dem Theater von Ephesus im Jahre 54.«

Sarah hob besorgt den Kopf. »Aber wir können uns doch auch täuschen. Vielleicht ist das hier so eine Art 3-D-Bild.«

Der dicke Tim kam mit einem Freund auf die Gruppe zu. Etwas belustigt hatten sie schon seit einiger Zeit die vier Freunde beobachtet. Jetzt wollten sie sehen, was denn der Anlass dieser großen Aufregung und Verwunderung war. Der dicke Tim beugte sich über Lucie hinweg und schaute ebenfalls angestrengt in das Buch. Nach einer Weile richtete er sich wieder auf und blickte spöttisch von einem zum anderen.

»Ist ja ungemein spannend. Das Theater von Ephesus. Ein Haufen blanker Steine und verfallener Sitze. Wirklich, ungemein spannend. Vielleicht solltest du darüber übermorgen die Arbeit schreiben, Lucie. Du beschreibst einfach das Thea-

ter. Damit kannst du Frau Blanker einschläfern.«
Und unter lautem Gelächter zogen die beiden wieder ab.

Lucie klappte das Buch zu und begann, den Tisch aufzuräumen. »Auf geht's. Wir treffen gleich die anderen und dann hauen wir von hier ab. Ich habe keine Lust auf die Deutscharbeit.«

Niemand erhob Einspruch, und gemeinsam machten sie sich daran, die Spuren ihrer Arbeit zu beseitigen. Dann verließen sie die Bibliothek und eilten in Richtung Ruine.

Das Abenteuer beginnt

»Da seid ihr ja endlich. Das dauert ja ewig. Habt ihr etwa ein neues Buch geschrieben?«

»Also, was ist, können wir endlich nach Hause? Es gibt ›Eine schrecklich nette Familie‹ im Fernsehen. Und ich habe gestern schon eine Folge verpasst. Wo wart ihr überhaupt so lange?«

»Wieso bist du denn schon da? Du bist doch eigentlich immer der letzte.«

»Ach, mein Experiment hat nicht hingehauen. Und dann hatte ich keine Lust mehr, etwas neues anzusetzen und dachte, bevor ich mich langweile, kann ich ebenso gut den grässlichen Schuppen hier ein wenig aufräumen.«

Jetzt erst bemerkten es die anderen. Jonas hatte den kleinen Raum, den sie für ihre Treffen nutzten, tatsächlich aufgeräumt.

Die Kerze brannte noch, und die vier berichteten Jonas und Philipp alles, was sie erfahren hatten. Sie legten besonderen Wert auf die Schilderung der Theaterszene mit dem fremden, winkenden Mädchen. Und dann sagte Lucie zu Jonas fast triumphierend: »Wir werden die Spur verfolgen. Und jetzt kannst du mal wieder zeigen, dass deine Experimentiererei Tag und Nacht auch einen Sinn hat. Wir reisen mit der Zeitmaschine zu dem Mädchen nach Ephesus. Daniel hat die Ortsangaben im Kopf.«

Die Zeitmaschine gehörte Jonas, aber vor einiger Zeit hatte er Daniel erklärt, wie sie funktionierte. Sie war nicht einfach zu bedienen, weil man so vieles einstellen musste und an vielen Schrauben und Rädchen zu drehen hatte, bis alles richtig war. Als sie damals hinter dem Teufel her waren, hätte es fast ein Unglück mit der Maschine gegeben. Aber Jonas hatte rechtzeitig daran gedacht, seinen Freund mit der Handhabung der Maschine vertraut zu machen.

Sie standen im Kreis und schauten sich an. »Gibt es noch etwas zu besprechen?« Sarah scharrte verlegen mit den Füßen im Staub. »Ja, ich bin mir noch nicht sicher. Die sprechen dort doch ganz anders als wir. Jedenfalls können sie bestimmt nicht Deutsch. Wie sollen wir uns denn da verständlich machen?«

»Du hast recht. Wir sehen bestimmt auch anders aus.« Daniel war verdutzt. So schnell wusste auch er keine Lösung.

»Ach, ist doch egal. Da wird schon etwas passieren. Warten wir es doch einfach erst einmal ab.«

Lucie musste meistens das letzte Wort haben, oder zumindest das vorletzte.

»Also, wir besorgen eine Karte der Gegend. Wer macht das? Philipp. Mehr brauchen wir nicht.« Diesmal hatte Anja das letzte Wort. Dann legte sie ihre Hand über die Kerze, um ihr gemeinsames Vorhaben zu besiegeln.

Sie mussten alle dafür sein, keiner konnte sich raushalten, sonst hätten sie das Abenteuer nicht beginnen dürfen. Einmal ist ihnen das passiert. Damals erhielten sie eine Nachricht aus der Taiga und sie wollten der Sache nachgehen. Aber Philipp war für einige Wochen mit seinen Eltern verreist. Deshalb wollten sie es ohne ihn machen. Sie hatten nichts erreicht, sie kamen noch nicht einmal über die Stadtgrenze hinaus. Ihnen wurde klar, dass sie nur gemeinsam stark waren. Und seit dieser Zeit besiegelten sie ihren Bund vor einem Abenteuer immer wieder damit, indem sie nacheinander die Hände über die Kerze legten.

Anja schaute Lucie an, die neben ihr stand. Ohne Zögern legte Lucie ihre Hand auf Anjas. Dann folgten Philipp, Daniel und Jonas. Alle sahen zu Sarah, die dann ebenfalls ihre Hand auf die fünf anderen legte und leise sagte: »Aber sicher.«

Die sechs Freunde verabredeten sich für 23 Uhr vor der Garage bei Jonas.

In einer Zeitmaschine zu reisen ist nicht zu vergleichen mit einer Autofahrt. Selbst der schnellste und modernste Rennwagen wirkt gemächlich und behäbig gegenüber einer Fahrt mit der Zeitmaschine. Man steigt ein, nimmt Platz, stellt mit sehr viel Sorgfalt und unter größter Konzentration die Daten ein, um das Ziel zu berechnen und anzusteuern. Dazu muss man an vielen Knöpfen drehen und eine Menge Regler bedienen. Dann hält man sich fest und drückt auf den Start-Knopf. Zuerst spürt man ein leichtes Ziehen in der Magengegend. Dann kribbelt es in den Armen und Beinen, später in den Füßen und Händen. Der Kopf wird ganz schwer und man hat das Gefühl, als würde er nach hinten abknicken. Ein Brausen in den Ohren und ein grelles Licht verhindern, dass man einen klaren Gedanken fassen kann. Man kann nicht mehr denken, sondern nur noch fühlen und spüren. Nach kurzer Zeit hat man dann das Gefühl, als hätte man keine Arme und Beine mehr, als hätte sich alles in Luft aufgelöst. Dabei hat man keine Schmerzen. Aber es ist immer wieder ein komisches Gefühl, wenn man meint, den eigenen Körper gäbe es nicht mehr. Und dann, mit einem lauten ›Plopp‹, ist alles wieder da – und man hat sein Ziel erreicht.

***

Es war heiß. Die Luft flimmerte. Man hörte nichts, nur die Insekten schwirrten im Sonnenlicht. Irgendwie war alles staubig, vertrocknet, viele Steine, Geröll. Die sechs Freunde schauten sich um. Da war kein Pinienwäldchen. Sie standen inmitten herumliegender Steine. Es war auch weit und breit niemand zu sehen. Lucie schnallte sich ab und stieg langsam aus. Sie schaute in eine Richtung. »Dort, das Theater, das Theater«, rief Philipp. »Ich werd' verrückt. Wir sind richtig. Es stimmt, das Theater von Ephesus. Das muss diese Mauer mit den kleinen Toren sein. Wir sehen das Theater von hinten.«

»Ja, aber ich kann keinen Wald entdecken.«

Lucie starrte immer noch in eine Richtung. Dann hob sie den Arm und zeigte mit dem Finger in diese Richtung. »Der Wald ist dort drüben, auf der anderen Seite. Und dort steht auch das Mädchen. Sie winkt. Sie meint uns. Es gibt sie wirklich.«

»Daniel, ich glaube, du hast Schwierigkeiten, rechts und links auseinander zu halten.«

Sie waren richtig. Es war das Theater, es war das Land, es war die Stadt und dort stand das Mädchen, das sie hergerufen hatte. Irgendwie. Noch konnten sie sich nicht vorstellen, wie das alles zusammenhing und was hier eigentlich gespielt wurde. Aber genau deshalb hatten sie sich ja auch auf dieses Abenteuer eingelassen. Alle sechs.

»Ich glaube, wir müssen jetzt mal nach drüben gehen.« Philipp fand als erster seine Sprache wieder.

»Ich habe Schiss.«

»Glaubst du etwa, ich nicht? Ich mache mir gleich in die Hosen.«

»Kommt, lasst uns gehen. Seid vorsichtig.«

Eine fremde Welt

Die Sonne stand an ihrem höchsten Punkt, fast senkrecht, und stach ihnen auf Kopf und Nacken. Die sechs Freunde gingen aber nicht nur wegen der Hitze die etwa 300 Meter zu dem fremden Mädchen sehr langsam; immer wieder hielten sie inne, schauten sich um, hörten auf die Stille, achteten auf verdächtige Geräusche. Aber bis auf das Summen der vielen Insekten war nichts zu hören in der brütenden Mittagshitze. Lucie sah, dass das Mädchen sie nicht aus den Augen ließ, dass es sich selbst aber nicht rührte. Sie stand unter einer Pinie im Schatten und machte den Eindruck, als wolle sie sich vor jemandem verstecken.

»Was sollen wir ihr sagen?«

»Sie versteht uns doch nicht.«

»Wir verstehen sie sicher auch nicht.«

Die Freunde hielten sich dicht beieinander und flüsterten. Endlich standen sie vor dem fremden Mädchen. Lucie hatte sie sofort erkannt – es war das gleiche Mädchen, das in ihrem Deutschbuch zu ihr gesprochen hatte.

»Hallo!«, sagte Lucie unsicher, fast unhörbar.

»Es ist schön, dass ihr hergekommen seid. Ich brauche eure Hilfe.« Die sechs Freunde waren sprachlos. Vor ihnen stand ein Mädchen mit schwarzen Haaren und dunklen Augen. Sie mochte etwa so alt sein wie sie selbst. Das helle Gewand, das sie trug, sah aus wie ein Vorhang, den sie sich einfach umgebunden hatte. Das Mädchen schaute sie an und sprach zu ihnen. Wieso konnten sie sie verstehen? Eigentlich gab es doch in dieser Zeit die Sprache »Deutsch« noch gar nicht. Was war hier los?

»Du sprichst unsere Sprache?« Daniel hatte sich als erster wieder gefangen. »Wir dachten, ihr würdet hier ganz anders reden.«

»Ich kann es nicht erklären. Ich verstehe eigentlich nur eine Sprache, meine Sprache. Hier in dieser Stadt werden viele verschiedene Sprachen gesprochen. Es gibt so viele Menschen aus fernen Ländern hier. Ich bin nur ein einfaches Mädchen. Meine Mutter ist Kellnerin in der Taverne am Löwentor. Sie arbeitet den ganzen Tag. Übrigens, ich heiße Lydia.«

Die Freunde sagten alle »Hallo« und stellten sich Lydia nacheinander vor. Das Eis war gebrochen. Sie setzten sich in den Schatten und redeten miteinander. Die Freunde erzählten von der Schule, von ihren Familien, Freunden und Freundinnen und von ihren Lieblingsbeschäftigungen. Sie erfuhren, dass Lydia ihren Vater nie kennen gelernt hatte. Er war Seemann und hatte nur für kurze Zeit in Ephesus Station gemacht. Schule kannte Lydia nicht. In Ephesus gab es das nicht. Sie machte für verschiedene Leute Besorgungen, Einkäufe, wusch die Wäsche oder ging in den Tempel der Artemis. Dort traf sie immer wieder Menschen, die kleine Arbeiten für sie hatten oder ihr eine warme Mahlzeit spendierten. Der Tempel war eine Art Treffpunkt. Und alle, die Sorgen hätten, würden dorthin gehen und die große Göttin um Hilfe bitten. Und deshalb sei sie vor einiger Zeit in das Allerheiligste des Tempels gegangen, weil ihr Freund Lucius entführt worden sei. Und sie habe die große Göttin inständig um Hilfe gebeten. Immer und immer wieder sei sie hingegangen und habe mit ihr gesprochen, sie möge ihr helfen, möge ihr Menschen schicken, denen sie vertrauen könne. »Eigentlich habe ich in den letzten Tagen nichts anderes gemacht als beten, immer nur beten.« Sarah verzog ein wenig die Mundwinkel. »Ihr seid hier wohl sehr fromm?«

Lydia schaute sie ernst an: »Seid ihr nicht gläubig? Wie kann man denn ohne Gott und ohne Glauben leben? Ihr wollt mich wohl auf den Arm nehmen?«

Die sechs Freunde wurden verlegen. »Nun«, stotterte Philipp, »ich weiß nicht, vielleicht nennen wir das anders.«

»Jedenfalls hatte ich eines Nachts einen Traum.« Während sie weitersprach, schaute Lydia sich immer wieder um, so, als befürchte sie, beobachtet zu werden. Sie redete leise, schnell, verschluckte immer wieder einige Wörter, so dass die Freunde häufig nachfragen mussten, weil sie nicht alles verstanden hatten. »Die große Göttin kam zu mir und sagte, es kämen sechs Kinder aus einer anderen Zeit zu mir. Die würden mir helfen. Ich bräuchte keine Angst zu haben. Ich sollte einfach reden, die Fremden würden mich schon verstehen und ich würde sie verstehen. Und sie zeigte mir diesen Platz, an dem ich auf euch warten sollte. Ich solle aber nicht vergessen, Kleidung mitzubringen, denn ihr wäret nackt. Da bin ich aufgewacht.«

Lydias Blick ging ins Leere. Dann lachte sie kurz. »Aber nackt seid ihr ja doch nicht. Auch wenn eure Kleidung schon komisch aussieht.« Die Freunde sahen an sich herunter. Sie waren völlig normal angezogen. Jeans, Sweatshirts, Schuhe oder Stiefel. Das trugen alle Kinder in ihrem Alter. Wenn man anders rumlief, wurde man nicht ernst genommen. »Also, das könnt ihr nicht anbehalten. Die Göttin hat recht. Ihr müsst das ausziehen. Ich habe lange gesucht, musste viel Wäsche waschen und viele Leute anbetteln, um Anziehsachen für euch zu besorgen. Aber ich habe es geschafft. Hier.«

Sie entfernte einige Äste, die über einer kleinen Grube ausgebreitet waren, und zog sechs weiße Laken hervor. »Ihr könnt mir glauben: Das war nicht leicht. Aber es ist für jeden ein Rock da. Nehmt. Und dann legt eure Sachen hier rein. Die dürfen nicht entdeckt werden. Ihr dürft nicht auffallen.«

Die Freunde nahmen die Laken und überlegten, was sie damit anfangen sollten. »Soll ich das hier anziehen? Das ist doch ein Bettlaken, da sehe ich ja aus wie ein Gespenst?« Daniel hielt sein Tuch in die Höhe und schüttelte den Kopf. Die anderen wussten auch nicht recht, wie sie sich verhalten sollten. »Zieh dich mal aus. Ich helfe dir.«

Daniel lief rot an. Ausziehen? Vor einem Mädchen? Zu Hause verschloss er immer die Badezimmertür, wenn er sich wusch. Und jetzt sollte er sich hier vor allen anderen ausziehen, noch dazu in der freien Natur, wo jeder, der vorbeikam, zusehen konnte.

Lucie hatte ähnliche Gedanken. Aber sie ist ja ein Mädchen. Und Mädchen sind miteinander irgendwie anders. »Lass mal. Komm, Lydia, wir gehen etwas tiefer in das Wäldchen und du zeigst mir, wie man das mit diesem Tuch macht. Dann kann ich es den anderen nacheinander zeigen. Die Unterhosen können wir ja vielleicht anbehalten.«

Lucie und Lydia verschwanden für kurze Zeit hinter einem Felsbrocken; die anderen hörten, wie Lydia etwas erklärte und beide Mädchen kicherten. Dann kamen sie wieder hervor. Lucie sah komisch aus in dem Bettlaken, aber auch irgendwie toll, wie eine Römerin aus dem Schulbuch. »Kommt, ich zeige euch, wie man eine Tunika anzieht«, sagte Lucie, und so lernten sie, wie man dieses antike Gewand umlegte, damit es nicht verrutschte oder sich von selbst wieder öffnete. Das dauerte zwar einige Zeit, aber letztlich standen dann doch alle sechs in weiße Tücher gehüllt vor Lydia. Ihre eigenen Kleider hatten sie mittlerweile versteckt, so dass sie äußerlich von einem Kind in Ephesus nicht zu unterscheiden waren.

Allerdings musste Sarah ihre Brille absetzen, denn sie wäre hier damit bestimmt sofort aufgefallen. Kein Mensch trug damals eine Brille, weil sie noch nicht erfunden war. Da Sarahs Sehkraft aber nur leicht beeinträchtigt war, konnte sie schon einmal auf die Brille verzichten, zumal die Freunde ihr hoch und heilig versprachen, ihr zu helfen, wenn sie etwas nicht richtig sehen konnte.

»Naja, wahrscheinlich muss ich ja nichts lesen – und Fernsehen gibt es wohl in Ephesus auch noch nicht«, beruhigte sie sich und legte ihre Brille vorsichtig zu den Kleidern in das Versteck.

»So, das wäre also auch überstanden. Nun möchte ich aber endlich wissen, was hier los ist. Mensch, es ist so heiß, ich kann kaum noch stehen. Lasst uns dort hinsetzen und Lydia erzählt uns alles von Anfang an«, schlug Lucie vor.

Sie setzten sich alle in den Schatten zweier schöner Bäume und Lydia erzählte, wie sie Lucius bei Paulus kennen gelernt hatte, der jeden Tag auf dem Marktplatz, im Hafen oder vor dem Tempel der Artemis redete. Meistens kamen die gleichen Menschen, um zuzuhören, was dieser Mann zu sagen hatte. Ihr war dieser fremde Junge aufgefallen, weil er häufig besonders dicht bei Paulus stand. Sie hatte mit dem Mann noch nie gesprochen. Zwar gefielen ihr seine Worte und was er über Jesus erzählte. Aber irgendwie getraute sie sich nicht. Und eines Tages sah sie, dass Paulus das Wort an den Jungen richtete. Das machte sie neugierig, und auch ein bisschen neidisch. Als Paulus dann mit seiner Rede auf dem Marktplatz fertig war, ging sie zu dem Jungen hin und sprach ihn an. Einfach so. Ja, sicherlich hatte sie Herzklopfen. Aber sie überlegte sich, dass sie etwas von

Paulus erzählen und sich mit dem Jungen über seine Meinung unterhalten wollte. Das war ihr dann nicht so peinlich. Nun, und so hatten sie sich die ganze Nacht miteinander unterhalten. Nicht nur über Paulus, sondern auch über vieles andere. Und so erfuhr sie seinen Namen: Lucius. Später gingen sie dann immer gemeinsam zu Paulus, aber sie selbst blieb in einiger Entfernung stehen. Eines Tages kam Lucius zu ihr mit einem Schreiben in der Hand. Er strahlte und war mächtig stolz. Von Paulus hatte er den Auftrag erhalten, einen Brief zur kleinen Gemeinde der Christen nach Korinth zu bringen. Dort war Paulus auch schon gewesen und hatte sich viele Freunde gemacht. Jetzt hätte er gehört, dass es dort Schwierigkeiten gäbe. Da er aber nicht hinfahren könne, um die Konflikte selbst zu lösen, müsse er einen Brief schreiben. Das habe er schon öfter gemacht. Und das stimmte auch. Immer wieder schreibe dieser Mann Briefe. Häufig hatte er einen Sekretär, dem er seine Worte diktierte. Und immer wieder fand er gute Freunde, die diese Briefe zu den Adressaten brachten. In Ephesus war unter seinen Anhängern schon ein richtiger Wettkampf ausgebrochen, wer einen Brief überbringen durfte. Denn der stand in der Meinung des Paulus ganz oben. Und diesmal war es Lucius, dem die Gunst des Paulus widerfuhr.

»Er machte sich sofort auf den Weg. Ich bin noch ein Stückchen mitgelaufen. Dann haben wir uns dort auf der Anhöhe verabschiedet. Ich musste ja zurück. Einen Moment habe ich ihm noch nachgewunken, dann habe ich mich umgedreht und bin wieder Richtung Stadt gelaufen. Plötzlich hörte ich Schreie. Als ich mich umdrehte, sah ich, wie Lucius von einigen Männern fortgezerrt wurde. Es war entsetzlich. Ihr könnt euch gar nicht vorstellen, was in mir vorging. Ich rannte sofort wieder zurück, so schnell ich konnte. Aber die Männer waren schneller. Lucius schrie und wehrte sich. Dann waren sie hinter einer Felsgruppe verschwunden. Als ich dort ankam, war nichts mehr zu sehen. Auf der Erde lag das Armband, das ich ihm geschenkt hatte. Das war alles.«

Lydia weinte. Sarah saß neben ihr und legte den Arm um ihre Schultern.

»Ich habe solche Angst. Was ist aus Lucius geworden? Wo haben sie ihn versteckt? Wisst ihr, Lucius kannte hier niemanden. Er war ganz alleine. Er hat keine Eltern mehr, keine Familie, auch keine Freunde. Er kennt nur mich – und Paulus natürlich.«

»Und du hast keine Ahnung, weshalb Lucius entführt wurde?«

»Ich weiß es nicht. Und ich kann mir auch nicht denken, wo er jetzt sein könnte. Ich bete jeden Tag, dass er noch lebt und es ihm gut geht.«

»Glaubst du, es könnte etwas mit dem Brief zu tun haben?«

»Was soll das miteinander zu tun haben. Das ist doch nur ein Brief. Der tut doch keinem was.«

»Weißt du, was in dem Brief stand?«

Sarah schrieb gerne Briefe. Manchmal zwei bis drei pro Tag. Sie hatte in der ganzen Welt Brieffreundschaften und erfuhr so eine Menge über das Leben in anderen Teilen der Erde. Briefe waren ihr sehr wichtig und sie hielt sie regelrecht heilig. Niemand durfte sie lesen, weil oft sehr geheime Sachen drinstanden. Deshalb war sie der Ansicht, dass der Inhalt von Briefen manchmal gefährlich sein konnte, zumindest für einige Leute.

»Ich habe keine Ahnung, was Paulus geschrieben hat. Ich habe mit ihm auch nicht gesprochen. Ich getraue mich nicht. Lucius war so stolz. Und jetzt hat er das Vertrauen von Paulus enttäuscht. Wir müssen ihn finden, damit der Brief nach Korinth gebracht werden kann.«

»Was ist das eigentlich, ›Korinth‹?«, fragte Jonas ganz kleinlaut.

»Das ist eine Hafenstadt im heutigen Griechenland. Ich habe mich ein wenig schlau gemacht, bevor wir losfuhren, damit ich weiß, wo wir hinkommen.« Sarah war diesmal gut auf die Reise vorbereitet. Auch die Fahrt mit der Zeitmaschine hatte sie besser verkraftet als sonst.

»Paulus reist viel, müsst ihr wissen. Er ist mal hier und mal dort. Ich glaube, er war auch einmal in dieser Stadt. Und dort hat er dann viele Menschen zu Anhängern Jesu gemacht. Er ist einfach toll, müsst ihr wissen. Er hat immer wieder neue Ideen und will unbedingt davon erzählen, was er glaubt und was er für richtig hält.«

»Also, wenn ihr mich fragt, gehen wir jetzt erst einmal in die Stadt und schauen uns um. Vielleicht bekommen wir so neue Informationen.« Philipp hielt einen Moment inne und überlegte. Dann sagte er zu Lydia: »Du musst uns zu den Plätzen führen, an denen Paulus ist und redet. Es gibt doch bestimmt Gottesdienste. Auch das müssen wir uns einmal ansehen. Wahrscheinlich wirst du immer wiederholen müssen, was gesprochen wird, damit wir es auch verstehen können. Wir müssen die Menschen kennen lernen, die etwas damit zu tun haben könnten. Aber zuerst zeige uns die Stadt. Ich muss die Luft hier schnuppern.«

Daniel schaute Philipp anerkennend an: »Gut gebrüllt, Löwe. Das hätte ich nicht besser sagen können. Wir dürfen aber nicht vergessen, die

Zeitmaschine zu verstecken, sonst kommen wir vielleicht nicht mehr zurück – oder möchtet ihr gerne für immer hier bleiben?«

Natürlich konnte sich das niemand vorstellen, und so zogen sie die Zeitmaschine zum Pinienwäldchen, weil Lydia hier auf Geheiß der großen Göttin ein Versteck vorbereitet hatte.

Und dann machten sie sich auf den Weg in ein ungewisses Abenteuer.

Ephesus

Es war stickig, laut, eng, bunt, turbulent in Ephesus. Die Straßen waren schlecht, aber das schien niemanden zu stören. Es herrschte reges Treiben. Händler priesen lautstark ihre Waren an: bestickte Seide aus China, Schmuck, Teppiche aus Syrien, Früchte und Gemüse, Tiere, die sie kannten, und solche, die die Freunde noch nie gesehen hatten. Ihre Ohren dröhnten von dem Gefeilsche von Händlern und Kunden. An so mancher Ecke standen Gruppen zusammen, redeten und gestikulierten. An anderen Stellen wurde auf Handtrommeln geschlagen, dass man noch nicht einmal mehr seine eigenen Gedanken verstehen konnte. Dazu stiegen ihnen fremde Gerüche in die Nasen: Düfte feinster Öle, der Geruch von gebratenem Lammfleisch, aber auch sehr unangenehme Gerüche, so dass Lucie einmal fast richtig schlecht geworden wäre. Lydia führte sie und redete ohne Unterlass. Sie machte die sechs Freunde darauf aufmerksam, dass sie auf keinen Fall etwas anfassen sollten, denn dann würden sie sofort in Kaufverhandlungen hineingezogen werden, weil der Händler ein Interesse annehmen würde.

So liefen die sieben dicht aneinander gedrängt durch die engen Straßen und ließen sich in dem Gewühl treiben. Sie kamen am Magnesia-Tor vorbei. Direkt daneben lag die Synagoge. Lydia erzählte, dass Paulus früher oft hier gepredigt hätte. Er stamme selber aus einer jüdischen Familie, sei ein gelehrter Mann und habe früher die Anhänger von Jesus bekämpft. Dann aber habe sich sein Leben und seine Einstellung völlig geändert und seitdem versuche er die Juden und alle anderen, die ihm zuhören, davon zu überzeugen, dass Jesus Gottes Sohn sei. Die jüdische Gemeinde in Ephesus sei da aber ganz anderer Meinung und habe ihn nach einer Weile hinausgeworfen; seit dieser Zeit würde er andere Orte für seine Reden wählen.

In dieser Stadt würde man ja an viele Götter glauben; jeder hätte seine eigenen Vorlieben. Natürlich würden die meisten Menschen hier die große Göttin Artemis anbeten, deren Tempel die Freunde später noch sehen würden. Aber die vielen Fremden in dieser Stadt brächten immer wieder neue Götter mit, und alle würden akzeptiert werden.

Die Juden aber ließen nur einen Gott gelten – ihren. Und das würden die anderen Einwohner von Ephesus nicht verstehen. Außerdem hätte die jüdische Gemeinde ganz eigene Vorschriften: bestimmte Dinge dürfe man nicht essen und auch auf ihre

Reinheit würden sie besonderen Wert legen. Zum Beispiel würde den Jungen schon sehr früh die Vorhaut ihres Gliedes abgeschnitten werden.

Daniel, Philipp und Jonas wurden bleich, die Mädchen kicherten. Aber Lydia ließ sich nicht unterbrechen. Sie hatte die Reaktion der sechs Freunde offenbar nicht mitbekommen.

Lydia meinte, dass Paulus diese Dinge ein wenig anders darstellen würde. Zwar erzählte er von dem gleichen Gott, den auch die Juden anbeteten, aber was er sagte, klinge ein wenig anders. Paulus meine, dass die Welt Gott noch gar nicht kenne und das Abschneiden der Vorhaut, auf das die Juden einen solch großen Wert legen, zähle gar nichts. Wichtig sei, dass man an Gott glaube und seine Gebote einhalten würde.

Die Jungs wirkten erleichtert, als sie Lydia so reden hörten. »Da bin ich aber sehr beruhigt, dass das so kam«, meinte Jonas.

»Ach, wenn du anders aufgewachsen wärst, dann wäre das auch in Ordnung«, meinte Anja. »Es ist doch nur ein Zeichen, und außerdem kann ich mir vorstellen, dass es so auch leichter ist, sich zu waschen.«

Die Mädchen kicherten, auch Lydia musste grinsen. Daniel lief wieder rot an und schaute verlegen in die Ferne.

Genau wie die Juden, sagt auch Paulus, dass man überhaupt kein Bild, kein Amulett und keine Statue brauche, die man anbeten müsse, fuhr Lydia fort. Man selbst, jeder Mensch, sei der Tempel Gottes. Und diese Vorstellung gefalle ihr sehr gut, meinte Lydia. »Wenn es nicht so wäre, wenn ich nicht so fest gebetet hätte, hätte die große Göttin mich nicht erhört und ihr wärt nicht hier. Nur weil Gott in mir wohnt, hat sie mich erhört.« Die Freunde nickten. »Das verstehe ich nicht ganz«, flüsterte Lucie im Weitergehen Philipp zu. Philipp nickte wieder.

Und dann erzählte Lydia, was ihr an den Worten des Paulus am meisten gefalle: Für das Leben käme es nur auf die Liebe an. Alles andere sei unwichtig. Wenn man aber keine Liebe hätte, dann würde nichts gelingen. Und sie habe bei diesen Worten gespürt, dass sie Lucius liebe.

»Aber ihr seid doch noch so jung«, sagte Sarah erstaunt.

»Wieso jung? Wir kommen langsam in das Alter, Kinder zu bekommen.«

Die Freunde waren schockiert und hörten von Lydia, dass so manches in den fernen Zeiten anders war als in ihrer Zeit. Viele Mädchen würden mit 14 oder 16 Jahren Mutter werden. Das sei normal.

»Also, wenn ihr mich fragt, möchte ich jetzt gerne einmal den Tempel sehen«, unterbrach Philipp. Ihm war das Thema sichtlich unangenehm und so machten sich die sieben auf und setzten ihren Weg durch die belebten Straßen fort.

Sie bogen um eine Ecke – und blieben wie erstarrt mit offenen Mündern stehen. Am Ende der Heiligen Straße bot sich ihnen ein atemberaubender Anblick. Der Tempel stand auf einer Anhöhe und war gewaltig. Meterhohe Säulen trugen das mächtige Deckengewölbe. Schneeweiß schien der Tempel vom Himmel direkt auf diese Anhöhe gefallen zu sein.

»Das ist ja unglaublich.« Jonas konnte den Blick nicht abwenden von dieser fast überirdischen Erscheinung. »Mensch, das ist ja irre. Der ist ja so groß wie ein Fußballstadion – und alles überdacht.« Philipp war tief beeindruckt. Lucie verstand jetzt, was Paulus mit dem Wort, dass jeder Mensch wie ein Tempel Gottes sei, gemeint hatte. Man brauchte solche äußeren Dinge nicht, um an Gott zu glauben. Dieser Tempel schwebte über der Stadt. Irgendwie majestätisch und erhaben. Es war, als könne man hier Schutz vor allen Gefahren der Welt suchen. Aber etwas flößte auch Angst ein, wenn man dieses Bauwerk sah.

Lydia und die sechs Freunde gingen langsam die Straße hinauf. Der Weg war gesäumt mit Menschen.

Andenken, Tücher, Öle und Kerzenleuchter wurden auf kleinen Tischen oder auf der Straße feilgeboten. Nachbildungen des Tempels und – wie sie von Lydia erfuhren – Nachbildungen der Statue der Großen Göttin waren der absolute Verkaufsschlager. Es gab aber auch Figuren anderer Gottheiten, Heilige Steine und sogar Figuren, die Jesus und Gott darstellen sollten. Alles war in verschiedenen Größen zu haben, aus Bronze, Gold, Silber. Sie blieben jedoch an keinem Stand stehen, sondern schielten im Vorbeigehen nach der ausgelegten Ware. Lydia ließ nicht nach in ihrer Auskunftsfreudigkeit.

Am Ende der Straße auf der Anhöhe angelangt, betraten sie den Vorraum des Tempels. Hier gab es nur noch wenige Händler, aber die Figuren, die sie verkauften, sahen alle kostbarer aus als die auf dem Weg. Lucie fiel auf, dass zwei der Händler in ihre Richtung schauten und miteinander tuschelten. Schnell schaute sie wieder weg, weil sie nicht angesprochen werden wollte.

Als sie das Allerheiligste des Tempels betraten, wartete die nächste Sensation auf sie: die beeindruckend hohe Statue einer Frau, deren Körper mit vielen Brüsten bedeckt war. Lucie zählte insgesamt 22 Brüste und erfuhr von Lydia, dass Artemis häufig von jungen Mädchen angebetet werde und dass sie diese, aber auch alle anderen

Menschen, ernähre. Deshalb brauche sie so viele Brüste. Die drei Jungs schämten sich ein wenig, nach oben zu schauen und die Figur genau zu betrachten. Die Mädchen musterten sich gegenseitig verstohlen und überlegten, an welchen Stellen des Körpers die Brüste plaziert waren.

Die Figur der Artemis sei vom Himmel gefallen und später habe man dann diesen Tempel um sie herum gebaut, erklärte Lydia. Überall liefen Menschen mit grünen Gewändern im Tempel herum. Lydia nannte sie ›Bienen‹. Sie seien für den Tempelkult verantwortlich. Und sie hätten auch darauf zu achten, dass sich niemand in lästerlicher Weise der Göttin nähere.

Zu ihren Füßen knieten Gläubige, die versuchten, unter lautem Stöhnen und Schreien mit ihren Fingerspitzen die Figur zu berühren. Mancher wurde mit einem Hieb auf die Hand von den Bienen bestraft, wenn er versuchte, über die Absperrung zu steigen oder die ganze Hand an die Statue zu legen. Andere gossen Milch und Wein als Trankopfer auf dem Altar aus, verbunden mit ständigen Wiederholungen eines für die sechs Freunde unverständlichen Satzes.

»Vor wenigen Wochen war ich auch jeden Tag hier. Und ich habe ständig meinen Wunsch wiederholt. Und die große Göttin hat mir geholfen«, meinte Lydia und schaute dankbar auf das Bildnis der Artemis.

Beim Hinausgehen schaute Lucie verstohlen nach den beiden Männern. Aus den Augenwinkeln sah sie, dass einer von ihnen auf Lydia zeigte. Dann gingen sie in das Tempelinnere und verschwanden. Lucie war erleichtert. Sie befürchtete schon, die beiden hätten Lydia als ihre Reiseführerin ausfindig gemacht und wollten sie anhalten, damit sie etwas für die gesamte Reisegruppe kaufte. Sie hatte das einmal in Paris erlebt, als sie und ihre Eltern mit einer Reisegruppe die Stadt erkundeten.

Als sie aus dem Vorhof heraustraten, sahen sie direkt auf das unter ihnen liegende Ephesus. »Das ist ja ein Traum«, entfuhr es Sarah. Sie kniff ihre Augen zusammen, weil sie so in die Ferne etwas besser sehen konnte. Ephesus wirkte von hier oben klein und gemütlich. Der Lärm drang nur ge-dämpft zum Tempel und auch die Gerüche waren nicht wahrnehmbar. Geduckt standen die vielen kleinen, zumeist weiß getünchten Häuser und schmiegten sich an den Berg. »Schaut mal da drüben. Unglaublich. Das Theater«, rief Jonas und zeigte den anderen die Richtung. Tatsächlich, da lag es, in einer Ebene, weit entfernt von der An-höhe, aber selbst von hier aus immer noch groß, mächtig, ruhig, fast schon ein wenig erhaben.

Lydia und die sechs Freunde gingen wieder in die Stadt und schlenderten durch die Straßen. So langsam bekamen sie Hunger. Lydia musste etwas zum essen besorgen: es gab Hammel, Knoblauchwürstchen und gedünstetes Gemüse. Zwar waren die sechs Freunde zuerst sehr vorsichtig mit der fremden Kost, griffen aber dann doch mit Appetit zu.

Das Essen machte müde, und langsam zog die Dämmerung über das Land. Lydia führte sie durch enge Gassen und ruhigere Gegenden, bis sie vor einem Haus standen, das etwas abseits lag und unbewohnt war. Lydia hatte tatsächlich an alles gedacht, denn dort lagen Strohmatten aus. Todmüde fielen alle sieben auf ihr Nachtlager. Aber bevor sie einschliefen, mussten die Ereignisse des Tages genau durchgesprochen und für den kommenden Tag ein Plan erstellt werden. Anja bestand darauf, einen Gottesdienst der christlichen Gemeinde zu besuchen. Als sie erfuhr, dass Paulus am nächsten Tag einen Gottesdienst halten werde, war sie sehr zufrieden und schlief auf der Stelle ein.

Die anderen fünf – auch Philipp schlief schon – redeten noch miteinander, als Lucie plötzlich ein Geräusch hörte. Tatsächlich, etwas raschelte vor der Tür. Sie rührten sich nicht und lauschten angestrengt in das Dunkel hinein. Dann fasste Lucie sich ein Herz und ging nach draußen. Dort entdeckte sie einen kleinen Vogel, der sich im Stroh, das vor dem Haus lagerte, verfangen hatte. »Wie kommst du denn hierher?« Vorsichtig befreite sie den kleinen Piepmatz und schaute ihn an. Irgendwie kam er ihr bekannt vor. Aber das war unmöglich, sie konnte ihn noch nie gesehen haben. Oder doch? Sie setzte den zitternden kleinen Kerl vorsichtig in eine kleine Nische in der Hauswand, von wo er offensichtlich aus Unachtsamkeit herausgefallen war.

Als sie wieder ins Haus kam, fragte Jonas gerade, ob die Händler irgendwie zusammengehörten. »Ich weiß es nicht. Ich glaube, die Öl- und Teppichhändler haben nichts miteinander zu tun. Aber die Männer, die mit den Figuren und den Andenken handeln, scheinen alle zusammenzugehören. Die machen mir Angst. Ich war ja in den letzten Tagen oft bei ihnen, weil ich jedes Mal eine Statue der Großen Göttin kaufen musste. Sie sind so streng und gucken so finster. Mit den anderen Händlern kann man handeln, kann Witze machen und lachen. Das ist oft lustig. Aber die? Die preisen ihre Ware mit den immer gleichen Worten an und sind nicht so lustig und komisch, manchmal fast unheimlich. Die anderen hoffen, dass man etwas kauft, und freuen sich dann. Diese Finstermänner erwarten, dass man kauft und dann muss man auch noch den festgesetzten Preis zahlen. Ich bin froh, dass ich jetzt nicht mehr hin muss.«

»Ja, mir ging es auch so, die wirken komisch«, fiel ihr Lucie ins Wort. »Vorhin habe ich zwei beobachtet, die heimlich tuschelten, auf uns zeigten und ins Innere des Tempels verschwanden.«

»Vielleicht waren sie wütend, weil wir nichts gekauft hatten. Jeder, der zum Tempel geht, muss sich Bilder und Figuren kaufen – jedes Mal. Nur so würde die Göttin uns erhören, sagen sie. Ich kann selbst schon einen Handel aufmachen, so viele Bilder habe ich erworben. Beten ist eine teure Angelegenheit.«

Nach einer kurzen Weile schliefen alle bis auf Lucie. Sie überlegte, ob ihre Deutschnote deshalb so schlecht blieb, weil sie sich nicht jedes Mal ein Kreuz oder ein Bild von Jesus kaufte. Vor jedem Test oder jeder Arbeit betete sie, dass er ihr helfen möge. Aber bislang hatte sie noch keinen Erfolg damit gehabt.

Kurz bevor sie einschlief, kam sie zu dem Schluss, dass sie auf das Konzert der Backstreet Boys wahrscheinlich verzichten musste. Schade, sie hätte wirklich gerne einmal Nick aus der Nähe gesehen. Das konnte sie sich jetzt wohl abschminken. Und mit diesen Gedanken schlief sie ein, ohne zu wissen, wie nahe sie der Erfüllung ihres Traumes war.

Den Händlern auf der Spur

Am nächsten Morgen besorgte Lydia ein wundervolles Frühstück aus frischen Brotfladen, Feigen und getrockneten Früchten sowie zwei Krüge Wasser aus dem nahen Bach.

»Die einzige Spur, die wir bis jetzt haben, ist das etwas eigenartige Verhalten der Händler. Aber welches Interesse sollten sie haben, einen Jungen zu entführen?«, fragte Daniel.

»Lucius war nicht irgendein Junge«, gab Sarah zu bedenken. »Er trug einen Brief von Paulus an eine andere Gemeinde bei sich.«

Jonas stopfte sich die letzte Feige in den Mund und sagte kaum hörbar: »Was kann in einem Brief schon stehen? Das lohnt doch keine Entführung, oder vielleicht sogar ...« Er unterbrach sich und schaute erschrocken zu Lydia. »Entschuldige. Wir finden ihn bestimmt. Ich glaube fest daran.«

»Es gibt noch eine andere Spur, die wir auch bedenken müssen«, nahm Anja den Faden wieder auf. »Paulus wollte die Juden überzeugen, dass Jesus Gottes Sohn ist. Vielleicht hatten sie Angst, dass er in diesem Brief zu einem Aufstand in Korinth aufrief. Oder sie wollten ihn an der Ausbreitung seiner Lehre hindern.«

»Das kann sein. Ich glaube es aber nicht. Sie hatten doch andere Möglichkeiten«, entgegnete Philipp. »Er suchte doch gerade jüdische Gemeinden auf, sprach dort in den Synagogen und versuchte auf diese Art, die Menschen vom Glauben an Jesus zu überzeugen. In Ephesus hat er nicht zu einem Aufstand aufgerufen, oder?« Philipp sah zu Lydia hinüber. Die schüttelte den Kopf. »Also! Warum sollte er es dann in Korinth tun? Das Verhältnis zwischen Juden und Christen in Ephesus ist gespannt, haben wir gehört. Paulus ist hier, woanders kann das Verhältnis vielleicht besser sein.«

»Aber Philipp, du kannst doch nicht von der Hand weisen, dass das eine Spur ist«, warf Daniel ein. »Bislang kommen nur die Figurenhändler und die Juden als mögliche Täter in Frage. Auf jeden Fall scheint der Brief etwas damit zu tun zu haben.«

»Und wenn der Brief nichts damit zu tun hat?« Lucie war aufgebracht. »Vielleicht ist dieser blöde Brief völlig unwichtig. Es kann doch sein, dass Lucius entführt wurde, weil ein anderer Junge sich für Lydia interessiert.« Die drei Jungs stöhnten und verdrehten die Augen. »Nun tut nicht so. Möglich wäre es doch.«

»Ja, das klingt ganz gut«, sprang ihr Anja bei. »Ich glaube, wir müssen das mit in Betracht ziehen.«

»So ein Quatsch.« Jetzt mischte Lydia sich ein. »Erstens kann ich mir nicht vorstellen, wer das sein sollte. Und zweitens würde man das in einem solchen Fall anders regeln. Dann hätte ich die Leiche von Lucius an der Stelle gefunden, die ich aber – der großen Göttin sei Dank – leer vorgefunden hatte.«

»Also, ich möchte jetzt endlich einmal in einen Gottesdienst gehen«, krähte Philipp aus seiner Ecke. »Das ganze Gerede bringt doch nichts mehr. Wir müssen herauskriegen, warum die Händler auf den Brief scharf gewesen sind, und was die Juden gegen Paulus gehabt haben könnten. Also, wenn ihr mich fragt, hatten die Juden wesentlich mehr Gründe, auf Paulus sauer zu sein als die Händler. Nennt mir einen Grund, weshalb die Figurenverkäufer den armen Lucius hätten entführen sollen, um an den Brief zu kommen.«

Erneut schaute Daniel bewundernd zu Philipp. Der Kleine mauserte sich und trat immer mehr aus seinem Schatten heraus. Früher hatte er sich nie zu Wort gemeldet und wenn, dann nur um die Worte Daniels zu unterstreichen. Jetzt aber begann er, selbständig zu werden.

Alle pflichteten Philipp bei und sie machten sich unter Lydias Führung auf den Weg zu einem christlichen Gottesdienst.

***

Sie mussten quer durch die Stadt. Schließlich gelangten sie zu einem unscheinbaren Gebäude, das sich auf einem Hof in einem ruhigeren Teil von Ephesus befand. Davor hatten sich schon einige Personen versammelt. Sie unterhielten sich und tauschten offensichtlich Neuigkeiten aus. Lydia stellte sich in Hörweite einer etwas größeren Gruppe und fragte eine Frau, die ihr am nächsten stand, ob sie Lucius kenne und ob sie etwas von ihm gehört habe. »Aber, mein liebes Kind, der ist doch in Korinth. Das wird einige Wochen dauern, bis der wieder da ist. Wenn er überhaupt wieder kommt, die Mädchen dort sollen sehr hübsch sein und die Überfahrt über das Meer ist sehr gefähr- lich. Es gibt also genügend Gefahren.«

Die fremde Frau sagte das so laut, dass sich mehrere Gottesdienstbesucher nach ihnen umdreh- ten. Lydia bedankte sich und entfernte sich schnell wieder. Dann gingen alle hinein und wurden ganz still. Für die sechs Freunde war überraschend, dass keine Orgel spielte und dass man sich hier zum Gottesdienst nicht hinsetzte. Das eine löste

Erleichterung bei ihnen aus, das andere aber empfanden sie doch als recht anstrengend.

»Wie soll ich das nur aushalten?«, fragte Jonas leise.

»Ich bin schon müde, bevor es überhaupt losgegangen ist«, pflichtete Sarah ihm bei.

Aber dann schwiegen sie und warteten auf das, was passieren würde.

Zuerst trat ein älterer Mann mit Bart und Halbglatze durch einen Seiteneingang in den Raum, öffnete ein Buch, das auf einem kleinen Tisch lag und las eine Zeit lang daraus vor. Zwischendurch blätterte er immer hin und her, so dass Lucie annahm, er lese aus verschiedenen Büchern der Bibel. Dann setzte er sich hin und die Gottesdienstbesucher sangen etwas. Lydia konnte kräftig mitsingen.

Als es wieder ruhig war, stand ein jüngerer Mann auf, ging nach vorne und redete. Lydia sagte, das wäre Apollos, der Freund von Paulus. Er habe früher zur jüdischen Gemeinde gehört, sei irgendwann aber Paulus gefolgt. Apollos würde ihn entschuldigen. Paulus sei krank, nichts Ernstes, wohl eine Erkältung, aber er hätte ihm einen Brief gegeben, den er der Gemeinde vorlesen solle.

Dann ging auch er zu dem Tisch und holte mehrere Blätter, die – so schien es Lucie – sehr eng beschrieben waren.

»Paulus, berufen zum Apostel Jesu Christi durch den Willen Gottes, an euch, Gemeinde in Ephesus, meine Geliebten, die ich unbesucht heute lassen muss, weil eine Krankheit mich aufs Lager zwingt. Gnade sei mit euch und Friede von Gott, unserm Vater, und dem Herrn Jesus Christus! Amen.« Apollos sprach so langsam, dass Lydia keine Probleme hatte, die Worte genau zu wiederholen. Das wiederum gab Lucie Gelegenheit, sich ein wenig in dem doch recht kleinen Raum umzusehen. Außer ihnen mochten ungefähr 50 Personen anwesend sein. Die meisten schienen um die 30 Jahre alt zu sein, was sie verwunderte. In ihrer Gemeinde sind die meisten Besucher über 70 Jahre alt. Aber das ist möglicherweise nicht jeden Sonntag so. Lucie war erst zwei Mal da, und es mochte vielleicht ungerecht sein, von diesen wenigen Besuchen auf alle Gottesdienste zu schließen.

»Immer und immer wieder sage ich euch, dass Christus für unsere Sünden gestorben ist und dass er begraben wurde. Am dritten Tage aber ist er auferstanden, und anschließend wurde er gesehen von seinen Freunden. Wenn aber nicht wahr ist, dass er auferstanden ist, dann ist unser Glaube umsonst und ohne Sinn.«

Manche der Anwesenden schauten nach unten und schienen sich stark zu konzentrieren; andere blickten ins Leere, wieder andere sahen direkt zu Apollos und nickten bekräftigend zu seinen Worten. In einer Ecke standen zwei Männer, die sich alles aufschrieben.

»Denn wie ihr wisst, hat ein Leib viele Glieder. Und wir alle gehören zum Leib Jesu Christi – wir sind seine Glieder. Wir alle aber sind wichtig, so unterschiedlich wir auch sind.« Lucie durchfuhr es wie ein Blitz, als Lydia ihr diese Worte wiederholte. Sie schaute nach vorne zu Apollos, hing an seinen Lippen und fühlte sich von dem Getuschel, das aus der hinteren Ecke des Raumes kam, gestört. Dennoch konzentrierte sie sich auf die Worte, die Lydia ihr zuflüsterte.

»Wie an einem Leib nicht jedes Glied alles machen kann, so ist es auch unter uns, meine Geschwister. Ein Auge kann sehen, aber nicht sprechen; der Mund ist zum Reden da und nicht zum Hören; die Ohren nehmen die Worte auf, können aber nicht laufen. Jedes Glied hat seine eigene Fähigkeit, und ist deshalb wichtig für alle – mit dieser Fähigkeit.«

Lucie wurde nachdenklich. Hatte Apollos etwa zu ihr gesprochen? Es schien ihr fast so. Sie hing an seinen Lippen und hörte auf Lydias Worte. Aber eigentlich sprach Paulus. Und obwohl er sie nicht kannte und obwohl Apollos sie gar nicht sah, weil er von seinem Blatt Wort für Wort ablas, galten diese Worte ihr. Natürlich – sie hatte Stärken, sie war gut in Mathe, und Tanzen machte ihr Spaß. Wen kümmerte da schon, dass sie sich absolut dämlich im Kochen anstellte und in Deutsch nicht den kleinsten Absatz wiederholen konnte? Sie atmete tief ein und langsam wieder aus. Ja, und es war doch auch gut, dass sie so tolle Freunde hatte und sich mit ihnen gut verstand. War das etwa nichts? Das war doch eine Gemeinschaft. Und alle sechs hatten sie verschiedene Stärken und konnten sich gegenseitig helfen. Lucie wusste nicht genau, ob der Apostel Paulus das so gemeint hatte, denn er schrieb etwas umständlich, wie sie meinte. Aber jedenfalls hatte sie es für sich so verstanden. Plötzlich wurde die Stimme Apollos sehr laut und sie ertappte sich dabei, dass ihre Gedanken wieder abgeschweift waren.

»Aber glaubt mir, es gibt nur drei Dinge, die wichtig sind im Leben eines Menschen: Glaube, Hoffnung, Liebe. Die Liebe aber ist die größte unter ihnen.«

Lucies Blick ging weiter durch den Raum und sie bemerkte, dass sich sogar Tiere eingefunden hatten. Wahrscheinlich gehörten die irgendwie zum Hof. Das würde es bei uns sicherlich nicht geben, dachte sie bei sich, als sie spürte, dass jemand sie anstarrte.

»Seid stark und mutig. Es werden reißende Wölfe unter euch kommen und viele von euch werden schreien, leiden und sterben. Aber Gott wird allezeit bei euch sein in Jesus Christus, unserem Herrn.«

Unsicher und besorgt schaute Lucie im Raum umher und entdeckte in der Ecke den Mann, der sie anstarrte; es war einer der beiden, die sich Notizen machten.

»Hier in Ephesus, in dieser schönen Stadt, hat sich mir eine große und wichtige Tür aufgetan, das Evangelium von Jesus Christus zu verkündigen. Aber es gibt hier auch viele Widersacher.«

Der Mann stieß seinen Nachbarn an und wies mit dem Kopf in Lucies Richtung. Die beiden schoben sich zum Ausgang und verschwanden. Lucie reagierte schnell, zog Lydia am Arm und flüsterte ihr zu: »Komm mit. Frag nicht.« Und zu Sarah: »Ihr bleibt hier. Wir treffen uns hier oder an unserem Haus.« Und schon waren die beiden Mädchen verschwunden.

Sie rannten auf den Hof und sahen gerade noch, wie die beiden Männer um die Ecke bogen. Lucie erklärte Lydia, was sie gesehen hatte. Vorsichtig nahmen die beiden Mädchen die Verfolgung auf. Dabei machten sich natürlich Lydias Ortskenntnisse bezahlt, denn so konnten sie manche Abkürzung nehmen.

Dennoch wären sie fast an den Männern vorbeigelaufen. Sie hatten übersehen, dass sie in einem Hofeingang verschwunden waren. Gerade noch rechtzeitig hatte Lucie die beiden im Vorübergehen stehen sehen. Sie diskutierten mit einem anderen Mann und dabei fuchtelten sie wild mit den Armen und zeigten immer wieder zum Hoftor.

Lydia zog Lucie mit sich und sie näherten sich der kleinen Gruppe von einer anderen Seite und lauschten. Lydia übersetzte, was die Männer besprachen. »Die kleine Freundin des Christenfreundes hat Verstärkung gefunden. Wir haben vier oder fünf Kinder im gleichen Alter gesehen. Wir wissen nicht, was sie wissen, aber wir haben beobachtet, dass sie seit gestern zusammen sind.«

»Das ist doch unwichtig. Verschwendet eure Energie nicht an solche Kleinigkeiten, das hält uns nur auf. Ihr wisst, was Demetrius von euch erwartet. Also handelt auch so.«

»Ja, gewiß. Aber ich würde das nicht so auf die leichte Schulter nehmen. Wenn der Christenanhänger entweichen kann, wird er plaudern, und dann sind wir geliefert.«

»Er wird nicht entweichen. Und plaudern kann er nicht. Was sollte er denn erzählen? Lasst das mal alles meine Sache sein. Ihr sollt euch um diesen Paulus kümmern. Der ist viel wichtiger.«

»Sollen wir ihn ...?«

»Nein. Das wäre viel zu auffällig und würde einen riesigen Wirbel verursachen. Wir machen das anders. Demetrius hat da einen Plan. Aber dazu brauchen wir eure Erkenntnisse über seine Reden. Was hat er heute gesagt?«

»Er war nicht da. Aber er hatte einen Brief geschrieben, den dieser Apollos vorlas.« Und dann wiederholten die beiden, was sie – und auch Lydia und Lucie – gehört hatten.

»Und gegen Artemis hat er nicht gelästert? Er hat nicht dazu aufgefordert, die große Göttin zu stürzen?«

»Nein, so lange wir im Raum waren, hat Apollos nichts dergleichen vorgelesen.«

»Gut. Lasst mir eure Notizen hier und geht dann wieder an eure Arbeit. In zwei Stunden sehe ich euch wieder hier.«

Die beiden Männer trennten sich von ihrem Gesprächspartner und gingen zurück zur Straße. Die Mädchen schlichen hinter ihnen her, hielten sich ganz dicht an den Häuserwänden. Diesmal aber hatten es die Männer nicht eilig, sondern steuerten zielsicher und freudig eine Taverne an. Die Mädchen versteckten sich hinter einem Hand-wagen, der mit Obst voll beladen war. Aus diesem sicheren Schutz heraus konnten sie beobachten, dass die beiden Männer sich Wein bestellten und in die Sonne blinzelten. Unglaublich. Die arbeiteten nicht, die ruhten. Was würde ihr Chef dazu sagen? Nun, hier passierte jedenfalls so schnell nichts, da die beiden Männer jetzt schon den zweiten Krug Wein bestellten. Lucie und Lydia verließen vorsichtig ihr Versteck und schlenderten wieder durch die Straßen von Ephesus. Jetzt hatten sie ja einen Hinweis, dem sie noch ein wenig mehr auf den Grund gehen wollten.

Sie gingen auf dem Weg zum Tempel zu mehreren Händlern und versuchten, mit ihnen ins Gespräch zu kommen. Meist gelang das auch. Lydia fragte, wie teuer einzelne Figuren seien, sie versuchte zum Schein zu handeln, erkundigte sich nach dem Stand der Geschäfte und erfuhr, dass die Nachfrage nach den Figuren des Tempels, der Artemis und verschiedener anderer Gottheiten ungebrochen sei. Dann entdeckten sie einen Stand, an dem es Kreuze, Bilder von Jesus und von Gott gab. Lydia ging wieder direkt auf diesen Stand zu und stellte sich unwissend: »Ach, das sind aber schöne Figuren. Zwei wirklich schöne Männer. Aber wieso ist denn der eine am Kreuz befestigt?«

»Du bist wohl nicht von hier? Das soll Jesus sein. Vor einigen Jahren wollte der in einem fernen Land einen Aufstand anzetteln. Er meinte, er wäre

der Sohn Gottes. Verrückter Kerl. Nun, und weil
das nicht geht, haben die Römer ihn gekreuzigt.
Zack, zack, und dann war Ruhe. Aber so richtig
ruhig wurde es dann doch nicht, denn es gibt doch
tatsächlich ein paar Schwachsinnige, die annehmen, dass der nach seinem Tod wieder auferstanden ist. Und jetzt beten sie den an. Komisches
Volk. Aber gut. Wir haben uns halt gedacht, Geld
stinkt nicht und haben diese Figuren in unser
Angebot mit aufgenommen. Und das hier ist Gott.
Der soll der Vater von dem Gekreuzigten sein. Wie
kann das angehen, frage ich euch? Wie kann das
angehen? Würde Zeus zulassen, dass seine Tochter
Aphrodite von Menschen getötet wird? Naja, es
mag viele Götter geben. Und vielleicht hilft es den
dummen Leuten ja, diesen hier zum Gott zu machen.«

»Und da läuft das Geschäft doch recht gut,
nehme ich an. Ich habe gesehen, dass es dort
hinten eine Synagoge gibt und ich habe auch schon
gehört, dass einige Anhänger dieses toten Mannes
in der Stadt sind.«

»Ja, sicher. Am Anfang haben auch einige etwas
gekauft. Aber das hat dann doch nachgelassen.
Aber nicht nur bei mir. Ich habe mir da nichts
vorzuwerfen. Das ist überall so. Ich habe gehört,
dass auch in anderen Ländern die Nachfrage

eingeschlafen sein soll. Also, es liegt wirklich nicht daran, dass ich ein schlechter Verkäufer bin, nein wirklich, ich bin eigentlich ein sehr guter Verkäufer. Früher habe ich dort hinten die Tempelnachbildungen verkauft. Da war ich einer der besten Verkäufer am Platze. Aber hier ist einfach ein schlechter Platz. Das habt ihr doch sicher auch bemerkt. Ihr wäret doch fast an meinem Stand vorbeigegangen, stimmt's?«

»Ja, stimmt. Aber dann hast du so lieb geguckt und da konnten wir nicht anders, als hier mal vorbeischauen.«

»Schuld sind nur diese verdammten Christen. Die kaufen meine Sachen nicht. Und die Juden erst recht nicht. Die sind ja noch viel schlimmer. Die denken ja, man dürfe sich kein Bild von Gott machen. So ein Blödsinn. Wie soll denn sonst ein Gebet wirken? Wenn es kein Bild gibt, kann der Gott doch auch nicht helfen. Das ist wie mit der großen Göttin. Aber, naja, in einigen Wochen werde ich bestimmt an dem Stand der großen Göttin verkaufen. Dann kommen auch wieder bessere Zeiten.«

Lydia schwieg einen Moment, nahm einige Figuren in die Hand und tat so, als interessiere sie sich dafür. Lucie machte ihr es nach, hielt sich aber ein wenig abseits, um nicht angesprochen zu werden. Dann sagte Lydia, fast beiläufig und ohne den Händler anzuschauen: »Kennst du einen Mann mit Namen Demetrius?«

Mit einem Schlag entwich das Lächeln aus dem Gesicht des Mannes und seine Augen wurden ganz klein. Er musterte Lydia und schaute dann zu Lucie hinüber, als hätte er sie die ganze Zeit nicht wahrgenommen.

»Hey, was willst du? Wieso willst du das wissen? Woher kennst du Demetrius? Wer seid ihr?«

»Och, eigentlich kenne ich ihn nicht.« Lydia stellte die Figuren wieder hin und wich einen Schritt zurück. Lucie spürte die Spannung, die in der Luft lag und merkte, dass es gefährlich werden konnte. Lydias Stimme wurde ganz ruhig, so, als ob sie abwiegeln wollte: »War nur so eine Frage. Ich glaube, wir müssen jetzt weiter. Wir wollen noch rasch eine Schale Milch opfern.«

»Halt. Wartet mal.« Der Mann kam hinter seinem Stand vor und ging auf Lydia zu. »Bleibt doch hier. Ich möchte noch einen Moment mit euch reden.« Lydia drehte sich um, packte Lucie am Arm und riss sie mit sich fort. Sie stolperten über einige Figuren, die auf der Erde standen und klirrend zu Bruch gingen. Die beiden Mädchen rempelten Händler und Käufer, Gläubige und Passanten an und rannten so schnell sie konnten in Richtung Stadt. Sie hetzten durch die engen Seitenstraßen und konnten ihren Verfolger endlich abschütteln. Erschöpft und völlig außer Atem ließen sie sich am Straßenrand nieder. Sie mussten erst einmal wieder zu Puste kommen.

»Verdammt, das war knapp. Was hatte der Händler denn erzählt?« Und dann musste Lydia den Inhalt des Gespräches wiedergeben. »Also, ich denke, wir haben die Spur gefunden. Es sind nicht die Juden. Es sind die Händler. Und es hängt mit dem Verkauf zusammen. In dem Brief muss tatsächlich etwas gestanden haben, was nicht in ihrem Interesse ist. Offensichtlich ist dieser Demetrius ihr Anführer. Und Lucius haben sie entführt. Außerdem lebt er, Lydia. Er lebt. Sonst hätten sie vorhin nicht davon geredet, dass er entweichen könnte. Wir müssen diesen Demetrius finden.«

»Und dann? Ich kann mir immer noch nicht vorstellen, was wir dann machen sollen, wozu das gut sein soll. Ich will nur Lucius wiederhaben. An Demetrius und an den Figuren habe ich wirklich kein Interesse.«

»Ja verstehst du denn nicht: Wenn wir das Motiv wirklich wissen, dann wissen wir auch, weshalb Lucius entführt wurde. Und wenn wir wissen, wer das getan hat, dann finden wir sicherlich auch die Spur zu Lucius. Und Demetrius hat etwas damit zu tun. Wir wissen also fast das Motiv und wir kennen den Anführer. Wir wissen aber noch nicht, von welcher Organisation er der Chef ist.«

Die beiden Mädchen dachten nach und erholten sich von dem wilden Lauf. Lucie musste wieder an die Worte denken, die Apollos vorgelesen hatte. »Du, Lydia, hast du denn alles verstanden, was wir im Gottesdienst gehört haben?«

Lydia schaute Lucie verwundert an. »Ja, klar. Ich habe euch doch alles wiederholt.«

»Nein, ich meine den Sinn. Ich finde, das ist immer so schwer zu verstehen, was im Gottesdienst gesprochen wird. Das ist bei uns auch so.«

Lydia dachte nach. »Nein, kann ich nicht sagen. Ich habe das Gefühl, als spreche Paulus direkt zu mir. Weißt du, wenn er von der Liebe erzählt, dann bin ich total glücklich. Ich kann das gar nicht anders beschreiben. Weißt du, das größte von allem ist die Liebe. Das ist doch toll. Und niemand, kein Mensch, egal woher er kommt, will etwas anderes als Liebe geben und geliebt werden.«

Lucie sah, wie Lydia Tränen in die Augen stiegen. »Warum ist das Leben manchmal so verdammt schwer? Meinen Vater habe ich nicht gekannt, meine Mutter sehe ich fast nie – und ich glaube, sie liebt mich auch nicht. Und kaum habe ich endlich Lucius gefunden, wird mir auch diese Liebe nicht gegönnt. Lucius ist so lieb. Er ist so allein, so schüchtern. Als ich ihn kennen lernte, hatte er kaum Selbstvertrauen. Er sagte mal, es sei sowieso egal, ob er lebe oder nicht. Er sei nichts wert. Weißt du, welche Worte von Paulus ihm am meisten gefallen?«

Lucie ahnte, welche Worte und Gedanken Lydias Freund am besten gefielen. Sie merkte, dass sie diesen Jungen irgendwie mochte, den sie doch eigentlich nicht kannte.

Lydia erwartete keine Antwort auf ihre Frage. Sie blinzelte in die Sonne und schien zu träumen. Auch Lucie sagte nichts mehr, und so saßen die beiden Mädchen eine Weile still und schweigend nebeneinander.

»Deine Haare glänzen so schön in der Sonne. Das sieht toll aus.« Lucie wurde ein wenig verlegen. »Nein, wirklich, glaube mir. Ich finde blonde Haare wunderschön. Ich habe leider nur schwarze. Aber das haben ja fast alle hier. Blond ist wirklich selten bei uns.«

»Dort, wo ich herkomme, gibt es viele blonde Jungs und Mädchen. Weißt du, der Nick von den Backstreet Boys hat so schöne blonde Haare. Der ist total süß. Wie findest du die Backstreet Boys?« Lucie erschrak. Dieser Fehler konnte auch nur ihr passieren. »Ach, entschuldige. Klar. Kannst du ja gar nicht kennen. Die gibt es ja hier noch gar nicht. Na gut. Ich finde jedenfalls blonde Jungs süß.«

Lydia warf Lucie einen misstrauischen Blick von der Seite zu, was sie aber nicht bemerkte, da sie an der Ecke eine kleine Menschenansammlung beobachtete. Sie zupfte Lydia an ihrer Tunika, ohne die Augen von dem Schauspiel in einiger Entfernung zu lassen.

»Komm«, sagte Lucie und zog Lydia mit sich. Sie zogen sich ihren Umhang über den Kopf und rieben sich ihr Gesicht mit Asche ein. Lydia erklärte Lucie, das solle sie machen, weil sie so sicherlich nicht von der Bande erkannt werden und auch nicht auffallen würden, denn Frauen und junge Mädchen gingen so auf die Straße, wenn sie den Tod eines nahen Verwandten zu beklagen hätten.

Dann mischten sie sich unter die Menschen.

Zuerst geschah nichts, irgendwann löste sich die Versammlung wieder auf. In kleineren Gruppen gingen sie in unterschiedlichen Richtungen auseinander. Die beiden Mädchen wussten nicht, wie sie sich verhalten sollten. Ein Mann ging ganz dicht an ihnen vorbei und flüsterte: »Platz des Kaisers.« Dann verschwand er schnell um die nächste Ecke. Lucie musste sich das von Lydia übersetzen lassen. Sie kamen überein, diesen Platz sofort aufzusuchen, um zu sehen, was dort passierte.

Sie mussten quer durch die Stadt. Am Platz des Kaisers angekommen, sahen sie, dass eine Frau, die auch in der Menschenmenge gestanden hatte, schnell und unauffällig in einem Hauseingang verschwand. Die beiden Mädchen eilten hinterher. Sie schauten sich um und verschwanden ebenfalls unbemerkt im Hauseingang.

Es dauerte einen kleinen Moment, bis sich ihre Augen an die Dunkelheit gewöhnt hatten. Dann erkannten sie, dass dies hier kein Hauseingang im eigentlichen Sinne war. Sie mussten einen langen, sehr spärlich beleuchteten Gang entlang gehen. Am Ende standen sie vor einer verschlossenen Tür. Dahinter waren laut und deutlich Stimmen zu vernehmen. Als Lydia die Tür öffnen wollte, wurde sie von innen aufgestoßen. Ein großer, sehr kräftiger und ganz und gar nicht Vertrauen erweckender Mann stand vor ihnen und schaute bedrohlich auf sie herab. Er sagte etwas, das Lucie nicht verstehen konnte. Lydia wirkte aufgeregt und irritiert. Sie stotterte, und der Mann kam drohend einen Schritt auf sie zu. In diesem Moment kam aus dem Raum ein anderer Mann durch die Tür; es war der gleiche, der ihnen zuvor die Adresse genannt hatte. Er sagte etwas zu dem Türsteher. Der schaute zwar immer noch grimmig, trat aber einen Schritt zur Seite. Lydia schubste Lucie in den Raum, der nur von wenigen Fackeln erhellt wurde. Lucie hatte riesige Angst. Sie verstand kein Wort von dem, was hier vor sich ging; sie musste sich ganz eng an Lydia halten. »Wenn ich hier je wieder heil rauskomme, will ich auch immer fleißig mitarbeiten im Deutschunterricht!«, versprach sie sich selbst.

Lydia erklärte ihr kurz, dass der Türsteher nach der Parole gefragt hatte und sie nicht wusste, was sie darauf antworten sollte. Zum Glück sei der andere Mann gekommen und hätte gesagt, dass das schon in Ordnung gehe. Die beiden Mädchen gehörten zum Ring.

»Zu welchem Ring?«, fragte Lucie. Aber das konnte Lydia auch nicht beantworten.

Dann machten sie sich an die Arbeit, und Lydia übersetzte alles, was sie hörte, so gut sie konnte. Bei dem Stimmengewirr war das nicht einfach. Da es aber voll war im Raum und sehr laut, fiel es nicht auf, wenn sie alles wiederholte, damit Lucie es verstehen konnte.

»Die Sache mit den Briefen muss gestoppt werden.«

»Wenn noch mehr Menschen so denken wie dieser Kauz aus Tarsus, dann können wir den Laden bald dicht machen.«

»Niemand will mehr meine Kreuze kaufen. Der Verkauf der Tempel lässt auch schon nach.«

»Genau. Das ist bei mir auch so. Die Leute sind so dumm und schlucken alles, was man ihnen erzählt.«

»Unsere Partner auf der anderen Seite des Meeres klagen auch bereits über Einbußen.«

»Das haben wir alles diesem Paulus zu verdanken.«

»Die Juden haben wir ja noch verkraften können. Die stehen ja völlig alleine da. Ihr Gerede davon, dass man sich kein Bildnis machen dürfe, hört zum Glück keiner.«

»Stimmt. Aber Paulus sagt genau dasselbe, und plötzlich scheinen alle zu begreifen, was das bedeuten soll.«

»Ich habe gehört, wie er öffentlich dazu aufgefordert hat, keine Figuren zu kaufen.«

»Das ist Sabotage.«

»Das ist Geschäftsschädigung.«

»Das ist Raub an unserem hart verdienten Einkommen.«

»Ruhe! Nun seid doch mal ruhig. Demetrius möchte etwas sagen.«

Lydia und Lucie reckten die Hälse. In der Mitte des Raumes stand ein kleiner, untersetzter Mann. Er wirkte nicht besonders kräftig. Als er aber anfing zu sprechen, war seine laute, klare Stimme überall zu hören. Sie klang hart und man hatte den Eindruck, dass er gewohnt war, Befehle zu erteilen.

»Freunde! Es kommen harte Zeiten auf uns zu. Ich habe Nachricht aus Korinth, aus Athen, aus Antiochien, von Kreta, von überall: Die Geschäfte laufen schlecht. Seit einiger Zeit müssen wir empfindliche Einbußen hinnehmen. Wir haben unsere Produktion auf den Gott der Juden, auf diesen merkwürdigen Gott am Kreuz und auf das Kreuz selbst umgestellt. In hohen Stückzahlen haben wir für viel Geld diese Dinger hergestellt. Aber was ist passiert? Die Juden wollen nicht kaufen und lassen uns links liegen. Und die Christen hören nur auf diesen sturen Mann aus Tarsus, diesen Seelenfänger. Die Juden und die Christen sagen, man brauche kein Bild von Gott, um richtig glauben zu können. Nun, liebe Freunde, das könnten wir ja noch hinnehmen. Aber sie sagen das auch zu allen anderen. Und immer mehr dieser Dummköpfe geben ihnen auch noch recht. Und gerade dieser Paulus redet auf allen Plätzen gegen uns. Wenn wir nicht bald etwas tun, können wir unseren Handel einstellen. Ich kann ja verstehen, liebe Freunde, dass ihr aufgebracht seid. Ihr verdient immer weniger. Und das Schlimmste ist: Ich kann euch noch nicht einmal Hoffnung machen. Es wird noch weniger werden. Aber bitte, bitte«, sagte Demetrius, als sich bei seinen letzten Worten lautstarke Zwischenrufe bemerkbar machten. »Glaubt mir, die Organisation leidet ebenfalls. Wir haben unseren Anteil an den Gewinnen um die Hälfte verkleinert, damit ihr wenigstens genug zum Leben habt. Wir sind doch eine Familie, eine große Familie. Das wisst ihr doch. Simon«, rief er und wandte sich an einen Mann, der in seiner Nähe stand, »kannst du dich erinnern, wie wir für dich eingesprungen sind, als dein Sohn und deine Frau auf so tragische Weise ums Leben kamen?«

»Tragisch?«, schrie jemand aus der Menge, der nicht zu erkennen war, »ihr habt die beiden umgebracht, weil sie nicht mehr für euch arbeiten wollten.«

»Was soll das?«, entgegnete Demetrius selbstsicher, aber mit drohendem Unterton in der Stimme. »Alle wissen, dass es ein Unfall war. Und die Organisation hat den armen Simon unterstützt. So macht man das in guten Familien. Und wir sind eine Familie, eine große Familie. Und wenn es einem schlecht geht, leiden andere mit und helfen, wo sie können. Und so haben wir uns natürlich auch Gedanken gemacht, wie wir diese Situation verbessern können. Und ich glaube, in kurzer Zeit wird sich etwas ändern. Ein Junge, der zur Zeit leider auf Samos weilt, wird uns bestimmt gerne behilflich sein. Er muss nur noch einen kleinen Moment überlegen. Aber diese Zeit möchten wir ihm gerne lassen, denn dann wird er uns umso bereitwilliger und besser behilflich sein. Alles, worum ich euch bitten möchte, ist: Habt noch etwas Geduld. Der Junge hilft uns, die Hilfe selbst wird aber nicht gleich Erfolg haben. Aber in ein oder zwei Jahren wird es uns allen wieder viel besser gehen. Ich glaube sogar, sagen zu können: besser, als es uns jemals gegangen ist. Habt Geduld, liebe Freunde, und geht jetzt wieder an eure Arbeit. Wir dürfen nicht nachlassen.«

Einige in der Menge murrten, andere nickten zustimmend. An vielen Stellen wurde die Rede des Demetrius heftig diskutiert. In diesem Moment kamen durch verschiedene Türen des Raumes bewaffnete Männer und trieben die Versammlung durch den Haupteingang. Lucie und Lydia schlossen sich schnell an.

Im langen, dunklen Gang mussten dann alle lange warten, denn sie durften nur einzeln oder in kleineren Gruppen auf die Straße, damit sie nicht auffielen. Die beiden Mädchen hatten Glück, sie konnten gemeinsam hinaus und dann rannten sie, so schnell sie konnten, zu ihrem Versteck.

Dort aber war niemand. Der Raum, in dem sie noch die vergangene Nacht gemeinsam verbracht hatten, war verwüstet. Von den anderen fünf Freunden war weit und breit nichts zu sehen.

Auf dem Weg nach Samos

Lucie hatte Tränen in den Augen. »Was soll jetzt werden? Die finden wir doch nie wieder. Was ist hier geschehen?«

Das Haus war in einem jämmerlichen Zustand. Die Strohmatten waren zerrissen und in alle Ecken verstreut, das Geschirr zerschlagen, die Wände teilweise eingerissen. Lucie suchte nach irgendeinem Hinweis, aber durch ihre Tränen hindurch konnte sie nichts erkennen.

Lydia war ruhiger. Sie kannte das offensichtlich. Sie sprach zu Lucie leise und eindringlich, nahm sie in den Arm, streichelte und küsste sie. Dann führte sie sie in die Ecke, wo sie sich ein bisschen ausruhen sollte.

Lucie war nicht fähig, einen eigenen Gedanken zu fassen. Sie war von der Begegnung in dem unheimlichen Haus noch völlig mitgenommen, und jetzt das hier. Sie hätte ihre Freunde gebraucht, um mit ihnen zu reden, um sich zu besprechen, um ein wenig Ruhe zu finden bei ihnen. Sie dachte an Jonas, an Anja, an Sarah, an Philipp, an Daniel – wo mochten sie jetzt sein? Was war mit ihnen passiert? Bei dem Gedanken daran musste sie wieder weinen, die Tränen flossen, aber sie weinte leise in sich hinein, um Lydia, die in einer Ecke auf den Boden starrte, nicht zu beunruhigen. Außerdem hatten sie Angst, dass die Verfolger noch einmal zurückkommen könnten, weil sie vielleicht dachten, hier doch noch etwas zu finden.

Dann hörte Lucie eine Stimme, die durch ihre Gedanken drang. »Komm doch gerade mal her. Ich weiß nicht, was das ist. Vielleicht kannst du etwas damit anfangen. Das war jedenfalls gestern abend noch nicht hier.«

Lucie ging zu Lydia hinüber und starrte auf etwas, das in den Fußboden eingeritzt war. Klar, Lydia konnte das nicht erkennen. Sie wohnte ja auch in Ephesus, im Jahre 54. Was dort zu erkennen war, war ein Wort der deutschen Sprache aus dem Jahre 1998: HAFEN, stand da, für Lucie deutlich zu lesen.

Sie strahlte, sie lachte, sie gluckste vor Freude, umarmte Lydia glücklich und stürmisch. Alles würde gut werden. Lydia wusste nicht, was der Anlass für diese Freude war. Lucie erklärte ihr, was da geschrieben stand und was es bedeutete.

»Dann ist doch alles klar«, meinte Lydia. »Lass uns gehen.« Sie rannten hinunter zum Hafen. Dort angekommen, sah Lucie, dass wohl doch noch nicht alles klar war. Es herrschte ein Kommen und Gehen wie auf einem großen Flughafen, ständig kamen Menschen auf sie zu, die irgendein Schiff verließen oder ein anderes suchten. Überall lagen Waren und das Geschrei war ohrenbetäubend. Lydia blickte ratlos auf das Getümmel: »Wie sollen wir die hier finden? Die haben sich doch versteckt und werden uns sicherlich nicht beobachten können. Sie müssen ja damit rechnen, entdeckt zu werden.«

Aber Lucie hatte eine Idee. Sie hielt Lydia an den Schultern fest und flüsterte ihr ihren Plan ins Ohr. Dann pfiff sie ihr leise einen Song der Backstreet Boys vor. Nachdem sie ein paar Mal die Melodie vorgepfiffen hatte, ließ sie sich von Lydia das Lied leise ins Ohr pfeifen. Naja, es war nicht genau so, wie die fünf Jungs der Backstreet Boys sich das gedacht hatten. Aber für den Hafen mochte es gehen. So zogen sie »Get down« pfeifend dicht an den Schiffen vorbei. Zuerst waren sie unsicher, Lydias Pfeifen war manchmal überhaupt nicht zu hören. Aber langsam wurden sie sicherer und es begann, ihnen Spaß zu machen. Viele Menschen dachten, sie würden dies zur Unterhaltung im Hafen tun und freuten sich und applaudierten sogar. Lucie und Lydia pfiffen, als ob es um einen Pfeifwettbewerb ginge. Mit den Händen klatschten sie den Takt, sie tanzten an den Schiffen vorbei, durch Menschenansammlungen hindurch und forderten ihr Publikum zum Mitmachen auf.

Lucie fühlte sich plötzlich als Musikerin, und es war schön, Applaus zu bekommen, sogar für ein Lied, das nicht das eigene war. Plötzlich hörte sie in all dem Rufen, Schreien, Applaudieren deutlich zweimal aus einem kleinen Boot: »Bravo, bravo.« Da wusste sie, dass ihr Trick geklappt hatte. Sie gingen noch einige Schritte weiter, gaben ein kleines musikalisches Zwischenstück, beendeten ihren Auftritt, verbeugten sich und gingen lachend und winkend wieder zurück zu dem Boot, aus dem die Bravorufe gekommen waren.

Wie selbstverständlich stiegen sie in das Boot, winkten der Menge noch einmal zu und begaben sich durch eine Luke in den kleinen Frachtraum.

Zuerst konnte Lucie nichts erkennen. Aber dann hörte sie ein leises Atmen und sie flüsterte: »Ich bin's.« Sogleich kamen alle fünf Freunde, einer nach dem anderen, aus ihren Verstecken hervor.

Sie sahen mitgenommen aus, erschöpft, Philipp war ganz weiß im Gesicht.

»Wir dürfen keine Zeit verlieren. Setzt euch an die Ruder, und hört auf mein Kommando«, sagte Daniel leise, aber bestimmt. »Ich schaue nach draußen und versuche, dieses Boot zu steuern.«

Es war nicht nötig, noch mehr zu reden. Während die sechs ruderten, lenkte und dirigierte Daniel das Schiff. Sie kamen gut und unbeschadet aus dem Hafen.

Dann fanden sie endlich Zeit, einander zu erzählen, was geschehen war. Natürlich platzte Lucie sofort heraus: »Was ist denn passiert?«

Die fünf Freunde erzählten, dass sie nach dem Gottesdienst von einem fremden jungen Mann angesprochen worden waren. Unsicher und ängstlich hätten sie versucht, sich an ihm vorbeizudrücken. Aber er habe Sarah festgehalten und gezwungen, sich auf die Erde zu knien. Dann habe er eine Zeichnung in den Boden geritzt. Er zeichnete eine Insel und wiederholte dabei immer wieder ein griechisches Wort: ›Samos‹, wobei er auf die Insel deutete. Dann zeigte er auf einen Ort und wiederholte immer wieder ›Ephesus‹. Dann zeigte er wieder auf ›Samos‹ und sagte ständig ›Lucius‹. Da war den Freunden klar, dass sie Lucius auf der Insel Samos suchen mussten.

Sofort wischte der Mann die Zeichnung weg und begann eine neue. Diesmal zeichnete er Samos groß; er deutete auf einen bestimmten Punkt und wiederholte wieder ›Lucius‹. Dann verwischte er die Zeichnung, malte verschiedene Schiffe, machte an eines eine bestimmte Markierung und deutete auf

Daniel und seinen Kopf. Sie sollten sich das alles merken. Dann verwischte er alles, stand auf und verschwand im Straßengewirr.

Als die fünf Freunde zu ihrer Unterkunft zurückkamen, fanden sie das Haus zerstört. Anja fand gerade noch Zeit, in den harten Boden die Nachricht für Lucie und Lydia einzuritzen. Dann machten sie sich auf den Weg, um Lucius zu suchen.

Lucie war überglücklich; alle sieben umarmten sich und freuten sich und dann legten sie sich wieder in die Ruder, um die Fahrt nach Samos fortzusetzen.

Philipp nahm seine Landkarte heraus; gemeinsam bestimmten sie den Kurs. Ohne Kompass ist das nicht so einfach. Aber Philipp und Jonas waren schon ein eingespieltes Team im Bestimmen von Himmelsrichtungen und Wegstrecken. Nach einiger Zeit hatten sie den Kurs fest im Griff.

Sie hatten schon seit längerem nichts mehr gegessen und da sie jetzt ein wenig Hunger und Durst verspürten, durchsuchte Anja das Boot und fand in einer kleinen Nische, versteckt hinter Tauen, ein großes Fladenbrot, viele Oliven und einen getrockneten Fisch, dazu einen Schlauch, in dem Wasser war. Offensichtlich war ihre Fahrt nach Samos von irgendjemanden vorbereitet worden. Aber von wem?

Samos

Auf der Karte, die sie dabei hatten, war zu erkennen, dass die kleine Insel Samos, die direkt vor der
kleinasiatischen Küste lag, höchstens 2 bis 3
Kilometer von Ephesus entfernt sein konnte.

»Zu einer Hochseefahrt hätte ich auch keine Lust
gehabt«, beteuerte Jonas und er wirkte einiger-
maßen beruhigt. »Das habe ich einmal in der
Nordsee mit meinem Vater gemacht. Da waren die
Wellen so hoch, dass du nichts mehr gesehen hast.
Und ständig musste man Angst haben, über Bord
gespült zu werden.« »Nun mach aber mal halb-
lang«, versuchte Anja seine Darstellungen zurecht
zu rücken. »Da muss man ja Angst haben, wenn
man bedenkt, was da noch auf uns zukommen
kann.«

»Nein«, entgegnete Philipp, »da braucht man keine Angst zu haben. Wir sind auch schon gleich da.
Dort drüben kann man schon den Hafen erkennen.«

Die sieben Freunde sahen im Westen die kleine
Insel auftauchen und entdeckten bald darauf im
Südosten den Hafen. Nicht weit von dort musste
das Haus sein, in dem sie Lucius gefangen hielten.

»Sag mal«, überlegte Sarah, »müssen wir von hier aus gesehen rechts oder links herum gehen, um zu dem Versteck zu kommen?«

»Natürlich rechts«, wurde sie von Anja belehrt. »Der Mann hatte uns doch alles genau aufgezeichnet. Hast du das schon vergessen?«

»Das stimmt nicht«, mischte sich Daniel ein. »Wir müssen erst quer durch die Stadt, dann einen kleinen Bogen nach links, und dann die Straße rechts. Dort steht das Haus an einer Weggabelung.«

»Sehr schön erklärt, Daniel. Ich verstehe aber nicht, wie man rechts und links ständig verwechseln kann. Wir fahren nachher in den Hafen rein und schauen zu, dass wir unser Boot möglichst weit links ankern können. Denn wir müssen links von der Stadt an Land gehen und die Stadt von dieser Seite umlaufen. Nach einer Querstraße, die wieder zurück in die Stadt führt, kommt eine parallel zur Stadt verlaufende Straße. Und an dieser Kreuzung muss das Haus stehen, in dem wir Lucius finden. Es ist mir unbegreiflich, was ihr gemacht habt, als der Mann uns das gezeigt hat. Habt ihr überhaupt hingesehen?«

Philipp antwortete: »Ich habe hingesehen, Jonas, und ich hätte es auch beschreiben können. Aber du kannst das irgendwie besser sagen als ich. Du bist ja auch älter. Später werde ich das auch mal besser können.« Alle mussten lachen. Philipp nahm sich manchmal selbst auf den Arm. Verschmitzt schaute er von einem zum anderen und zog sich auf seinen Beobachtungsposten zurück.

Die anderen gingen an die Ruder, um die Einfahrt in den Hafen vorzubereiten. »Sag mal, um was geht es hier eigentlich?«, fragte Jonas Lucie, die neben ihm ächzte, weil sich die Ruder so schwer bewegen ließen. »Ich meine, wieso haben sie Lucius entführt, und weshalb ist er hier auf dieser blöden Insel?«

»Ich glaube, wir sind da einer großen Organisation auf der Spur. In Ephesus sind wir in eine Geheimversammlung geraten und haben dort ebenfalls gehört, dass Lucius auf dieser Insel sein soll. Warum hier? Keine Ahnung. Vielleicht haben die hier ihr Gefängnis oder ihr Hauptquartier. Ich weiß es nicht.«

»Mehr links rudern. Jonas, Lucie, ihr müsst kräftiger rudern, sonst werden wir ganz schief in den Hafen reinfahren«, schrie Philipp von seinem Beobachtungsposten am Steuer. »Quatscht nicht so viel, das könnt ihr zu Hause machen!«

Die beiden ruderten mit aller Kraft. Auch Lydia legte sich mächtig ins Zeug. Die anderen drei konnten ein wenig ausruhen, bis Philipp das Signal gab, wieder gleichmäßig zu rudern.

Plötzlich rief er »Aufhören«, und kurz danach gab es einen starken Ruck. Das Boot war im Hafen. Philipp ließ den Anker herunter, und alle versammelten sich an Deck. »Wir haben nicht viel Zeit«, meinte Daniel. »Außerdem ist die Gefahr zu groß, dass wir erkannt werden. Also los, wir müssen in diese Richtung.«

Die sieben Freunde sprangen von Deck und machten sich eilends auf den Weg. Der Hafen der Stadt Samos war klein, es waren nur wenige Menschen zu sehen. Sie durften nicht auffallen – und sieben rennende Kinder fielen immer auf. Deshalb gingen sie, getrennt in zwei Gruppen, schnell in die Richtung, die Daniel ihnen gezeigt hatte.

Lucie drehte sich noch einmal um. »Hoffentlich nimmt uns das Schiff keiner weg«, dachte sie, denn sie mussten – hoffentlich mit Lucius – ja auch wieder in die andere Richtung zurückfahren. Plötzlich bemerkte sie in einiger Entfernung einen Mann, den sie in Ephesus bei den Händlern schon einmal gesehen hatte. Ob er die Freunde dort auch gesehen hatte?

»Beeilt euch! Uns bleibt wirklich nicht viel Zeit«, feuerte sie die anderen an.

Als sie den Hafen verließen, liefen sie wieder zusammen in einer Gruppe. Der Weg war einfach.

Man musste nur der Straße folgen. Sie schauten sich immer wieder um, ob sie jemanden entdeckten, der sie vielleicht beobachtete. Direkt hinter dem Hafen hörte die Stadt auf, es gab keine Häuser mehr. In der Ferne sahen sie einen Schäfer mit seiner Herde und hörten das Gebell der Hirtenhunde. Sonst war niemand zu sehen.

»An der nächsten Ecke muss es sein«, sagte Daniel, als sie die erste Kreuzung passierten. Weit und breit war kein Haus und keine Hütte zu entdecken.

»Ich kann mir nicht vorstellen, dass wir hier richtig sind«, meldete Sarah erste Zweifel an.

»Wir haben keine andere Wahl. Wir müssen es glauben«, machte Anja sich selbst und den anderen Mut.

Der Weg ging leicht bergauf. Es war kein Haus zu sehen.

»Langsam. Wir müssen vorsichtig sein«, mahnte Lucie. »Ich habe so ein Gefühl, als ob sich hinter dem Hügel etwas verbirgt.«

»Ich glaube auch«, unterstützte Philipp sie. »Am besten, wir gehen einige Meter vom Weg entfernt im Feld weiter. Und duckt euch. Wenn hinter diesem Hügel das Haus liegt und sie Wachtposten aufgestellt haben, werden die uns ganz schnell sehen. Und das könnte unangenehm werden.«

Sie schlichen langsam die Anhöhe hinauf, und nach einigen Metern sahen sie tatsächlich das Dach eines Hauses. Sofort gingen sie hinter einem Felsen in Deckung, damit sie nicht gesehen werden konnten.

»Was machen wir jetzt?« Anja ließ das Haus nicht aus den Augen. Aber mit ihrer Frage hatte sie den Nagel auf den Kopf getroffen. Bislang war alles irgendwie klar. Sie mussten sich informieren, was es mit der merkwürdigen Nachricht, die Lucie empfangen hatte, auf sich hatte. Sie mussten herausfinden, wo Lucius war. Bisher hatten sie Glück gehabt. Aber das gehörte ja auch dazu, wenn man ein anständiger Detektiv sein will. Aber jetzt? Sie konnten doch nicht einfach in das Haus spazieren und sagen »Guten Tag! Wir kommen aus Ihrer Zukunft und möchten Lucius abholen. Erstens ist das ungerecht, was Sie hier gemacht haben, und zweitens ist es wichtig, dass die Menschen in Korinth den Brief des Paulus, den er an sie geschrieben hat, lesen können.« Sie mussten sich schon etwas einfallen lassen.

Lucie hatte eine Idee. »Das hat doch vorhin ganz toll geklappt mit unserer Gesangseinlage am Hafen. Ich glaube, die Menschen hier mögen die Backstreet Boys. Lydia und ich halten uns in einiger Entfernung vom Haus und tun so, als hätten wir irgendwas zu tun. Dabei pfeifen wir. Dann sind die Männer dort abgelenkt und vergessen, auf Lucius aufzupassen. Dann könnt ihr ihn befreien und davonlaufen.«

»Gute Idee. Wir warten, bis es dunkel ist«, schlug Daniel vor. »Dann fangt ihr an, am besten von dort drüben. Und sobald die Männer herauskommen, versuchen wir, uns an das Haus heranzuschleichen.«

Sarah überlegte. »Also, ich gehe da nicht rein. Ich denke, es ist auch nicht gut, wenn wir zu fünft dort in der kleinen Hütte stehen. Wir wissen ja noch gar nicht, wie viele Wächter überhaupt da sind. Ich schlage vor, dass nur zwei von uns in das Haus gehen. Die anderen drei verteilen sich in der Nähe. Es könnte ja auch was passieren. Dann müssen wir irgendwie eingreifen.«

»Sarah hat recht«, meinte Philipp. »Wir können da nicht alle rein. Wir verteilen uns, und sobald Lucius befreit ist, rennen wir alle zum Boot. Und dann nichts wie weg von hier. Es gefällt mir hier nämlich gar nicht.«

Es waren noch zwei Stunden bis zum Sonnenuntergang. Einzeln oder in kleinen Gruppen näherten sie sich dem Haus. Es war tatsächlich nur eine Hütte und schien aus einem Raum zu bestehen. Trotzdem konnten sie nicht sehen, wie viele Männer Lucius bewachten. Es war ein ständiges Kommen und Gehen. Lucie und Lydia glaubten, auch Demetrius erkannt zu haben. Auch er verließ die Behausung wieder nach wenigen Minuten. Kurz vor Einbruch der Dunkelheit gingen mehrere Männer in Richtung Stadt, und es kamen keine neuen Besucher mehr.

»Es sind noch drei Männer im Haus. Ich hoffe, ich habe richtig gezählt«, vermeldete Anja. Die Freunde meinten, dass der Zeitpunkt nun gekommen sei. Sie verabredeten, dass Anja und Jonas in das Haus gehen sollten. Lucie und Lydia sollten etwa 50 Meter vom Eingang entfernt Steine sammeln und dabei ihren tollen Auftritt vom Hafen wiederholen. Anja, Sarah und Daniel sollten sich um das Haus verteilen und zum Eingreifen bereit halten.

»Ich hoffe, es geht alles gut«, bangte Sarah. »Ich kann zwar ziemlich schnell rennen, aber wenn ich irgendetwas anderes machen soll ... Ich habe ganz schön Schiss.«

Die Freunde versammelten sich noch einmal im Kreis und legten ihre Hände übereinander. Es war ruhig. Nur eine Grille zirpte. Lydia stand ebenfalls im Kreis und legte ihre Hand auf die von Lucie. »Ihr seid ja doch sehr gläubig«, flüsterte sie. Dann gingen alle an ihren Platz.

Die Befreiung

»Du brauchst die Steine nicht die ganze Zeit in der Hand zu halten«, meinte Lydia. »Schau her!« Lydia sammelte einige Steine und ließ dann beim Bücken unauffällig wieder einige fallen. »Wir sind doch keine Steinbrucharbeiter«, meinte sie.

Dann fing Lucie an zu pfeifen, und nach einigen Takten stimmte Lydia mit ein. Schon nach kurzer Zeit waren sie in der Melodie und in ihrem gemeinsamen Pfeifen sicher, so dass sie es sich leisten konnten, lauter zu werden.

Jetzt war jeder auf sich gestellt, denn wegen der Dunkelheit konnten sie sich nicht sehen. Die Sterne standen klar und deutlich am Himmel, und der Halbmond spendete ein spärliches Licht. Das Licht des Leuchtturms fiel auf den Hafen. Selbst den Leuchtturm von Ephesus konnte man von weitem sehen.

Den Zeitpunkt für die Befreiung mussten Anja und Jonas selbst bestimmen. Sie hatten Glück, denn im Haus schien eine Kerze zu brennen; ein schwacher Schein war durch das Fenster zu sehen.

Lucie und Lydia pfiffen und sangen, als gäben sie ein Konzert im Fußballstadion. Die anderen ließen den Eingang des Hauses nicht aus den Augen. Immer wieder begannen die beiden Mädchen das Lied von vorne, veränderten die Melodie, oder Lucie fügte auch die eine oder andere Textzeile ein. Verstehen konnte ihr Kauderwelsch sowieso niemand. Es fiel auch nicht weiter auf, weil man hier so viele verschiedene Sprachen sprach. Aber für den Rhythmus und den Schwung war es besser, auch Worte zu singen, dachte sie. Plötzlich öffnete sich die Tür und ein Mann kam heraus. Es war nicht deutlich zu erkennen, aber er schien in ihre Richtung zu schauen. Dann ging er einige Schritte von der Tür weg und rief etwas. Kurz danach drehte er sich um und sagte etwas in die Hütte hinein. Daraufhin erschien ein zweiter Mann und die beiden begannen, den Mädchen etwas zuzurufen. Dabei lachten sie immer wieder. Lucies Herz schlug bis zum Hals. Wenn die beiden jetzt angerannt kamen, könnte sie wahrscheinlich gar nicht so schnell wegrennen. Sie pfiff noch lauter und noch schneller, damit sie ihr klopfendes Herz nicht spürte, und um ihre Angst zu vertreiben. Lydia schien es ähnlich zu gehen, denn sie wurde ebenfalls schneller.

Dann trat ein dritter Mann aus der Hütte. Er trug eine Kerze, deren flackerndes Licht sein

Gesicht beleuchtete. Lucie erkannte ihn sofort. Es war Demetrius. Sie hatten ihn doch vorhin die Hütte verlassen sehen – das war wohl eine Täuschung gewesen. Die beiden Mädchen schauten sich an und nickten sich zu.

Demetrius rief den beiden anderen Männern etwas zu. Er hatte eine harte, befehlsgewohnte Stimme. Die beiden murrten und gingen langsam rückwärts zur Hütte zurück.

Da rief Lydia: »Hey, was ist. Gefällt euch unser Gesang nicht?«

In der Dunkelheit war Sarah nicht zu sehen. Sie hatte sofort begriffen, was hier auf dem Spiel stand und lachte laut auf, dabei rief sie etwas, was Lucie aber nicht verstehen konnte. Demetrius rannte um die Hütte in die Dunkelheit der Nacht – geradewegs in die Richtung, aus der er die fremde Stimme vernommen hatte. Die beiden anderen Männer lachten ebenfalls und bewegten sich jetzt wieder auf Lucie und Lydia zu. »Aufgepasst«, flüsterte Lydia. Das wäre aber nicht nötig gewesen, denn Lucie wusste selbst, dass es jetzt ernst wurde. Sie konnte das Haus kaum noch erkennen und achtete auf die beiden Schatten, die sich ihnen langsam näherten. Dabei sprachen die beiden Männer mit einschmeichelnder Stimme. Sie kamen immer näher. Lydia sagte: »Es ist schön, Publikum zu haben.« Und die Männer lachten wieder. Jetzt waren sie nur noch etwa 20 Meter entfernt. Lucie konnte nicht mehr pfeifen. Die Lippen taten ihr weh, und die Angst schnürte ihr die Kehle zu. Sie starrte die ganze Zeit auf die beiden dunklen Schatten, die langsam auf sie zukamen. Lydia schien ihre Angst abgelegt zu haben, denn sie pfiff weiter, traf sogar die Töne richtig. Manchmal sagte sie ein Wort, aber Lucie konnte nicht mehr zuhören.

Plötzlich hörte sie einen schrillen Ruf: »Zum Hafen!« Sofort zog sie Lydia am Ärmel, drehte sich um und rannte so schnell sie konnte auf die Straße und dann in Richtung Hafen. Sie drehte sich noch einmal kurz um und konnte sehen, dass die beiden Männer zum Haus liefen. Sie hörte Demetrius fluchen.

Alle Freunde waren losgerannt. Philipp rannte als letzter, da er am weitesten entfernt von der Straße postiert war. Demetrius hatte den Männern wohl etwas befohlen, denn sie nahmen sofort die Verfolgung auf und waren schon dicht hinter Philipp. Der aber schlug einen Haken und noch einen Haken, dann rannte er zurück und wechselte erneut die Richtung. Er verließ den Weg und lief querfeldein. Die Männer, die sich ganz auf ihn konzentrierten, verloren langsam den Anschluss.

Philipp wäre ein glänzender Fußballer, wenn er nur fleißiger trainieren würde. Aber hier kamen ihm seine ganzen Tricks zugute. Er zog die Verfolger auf sich und führte sie immer weiter weg von den Freunden. Sein guter Orientierungssinn war ihm dabei natürlich eine Hilfe.

Die Freunde erreichten den Hafen und sprangen ins Boot. Jonas lichtete den Anker und setzte sich ans Steuer. Die anderen nahmen die Ruder.

Aber noch fehlte Philipp. Sie hatten ihn aus den Augen verloren. Jonas spähte in die Dunkelheit. Er konnte nichts erkennen. Der Hafen lag ruhig und wirkte auf einmal bedrohlich. Lucie saß an ihrem Ruder. Sie drehte sich um und schaute auf die hinter ihr liegende Ruderbank. Ihr stockte das Herz. Hinter ihr saß Nick – ihr blonder Schwarm von den Backstreet Boys! Naja, es war nicht Nick, aber er sah mit seinen blonden Haaren und blauen Augen fast so aus.

Plötzlich schrie Jonas von oben »Los!«, und alle legten sich in die Riemen. Kurz darauf hörten sie ein Krachen an Deck und Schritte, die sich den Ruderbänken näherten. Die sechs ließen aber in ihrer Kraft nicht nach. Sie hörten, wie jemand die Leiter zu ihnen hinabstieg und drehten sich um: Auf der letzten Sprosse stand Philipp und grinste: »Alles klar? Wo ist mein Platz?«

Die Rückfahrt

Sie ruderten so schnell sie konnten. Lucie musste sich immer wieder umdrehen und Lucius anschauen. Der sah sehr müde und erschöpft aus, lächelte sie aber jedes Mal an. Lucie wurde verlegen. Sie spürte, wie Lydia sie von der Seite beobachtete. Aber das war ihr jetzt egal. Sie fand, dass Lucius sehr süß aussah. Genau so, wie Jungs aussehen sollten.

»War es schlimm in der Gefangenschaft?«, wagte Lucie endlich zu fragen. Aber sofort schämte sie sich. Das war eine saublöde Frage. Sicherlich war es schlimm – oder hatte man schon einmal von jemandem gehört, der gerne in Gefangenschaft war? Aber Lucius lächelte. Plötzlich prustete Lydia los. Sie lachte und hätte fast das Rudern darüber vergessen.

»Der versteht dich nicht. Aber verlange von mir jetzt bitte nicht, dass ich für euch den Dolmetscher spiele.«

»Blöde Kuh«, sagte Lucie und drehte sich noch einmal um. Lucius sah zuerst zu Lydia, dann zu Lucie, und dann auf seine Füße. Jungs sind manchmal komisch.

Von oben kamen wieder Kommandos von Jonas. Sie waren am Hafen von Ephesus angelangt. Die Einfahrt schien diesmal etwas schwieriger zu sein. Sie wollten möglichst weit weg von den anderen Schiffen ankern, um einen kurzen Weg zum Theater zu haben. Hinter dem Theater, wo sie ihre Zeitmaschine versteckt hatten, sollte ihr Abenteuer enden.

Es gelang ihnen, das Boot weit genug von den anderen Schiffen zu ankern und unbemerkt an Land zu gehen. Sie machten sich sofort auf den Weg zum Theater. Lucie achtete darauf, neben Lucius laufen zu können. Lydia ließ die beiden nicht aus den Augen und blieb dicht bei ihnen.

Daniel fragte Lucius, was er in seiner Gefangenschaft erfahren hätte und bat Lydia, zu übersetzen.

»Dieser Demetrius ist der Anführer. Es ist eine große Bande. Sie stellen die Heiligenfiguren her und verkaufen sie für viel Geld. Sie haben überall ihre Händler, in allen Ländern. Dabei sagen sie immer wieder, dass man diese Figuren kaufen muss, wenn man richtig gläubig sein will und die Götter einem helfen sollen. Aber man muss jedes Mal etwas kaufen, weil die Figuren ihre Kraft verlieren, wenn man sie einmal in Anspruch genommen hat.«

»Das ist ja eine clevere Geschäftsidee. Vielleicht sollte man das bei uns auch so machen, zum Beispiel: Kaufen sie neue Turnschuhe. Denn ihre alten sind nicht mehr so schnell.« Philipp wusste, wovon er sprach. Er weigerte sich, seine alten, ausgelatschten Fußballschuhe wegzuwerfen.

»Und jetzt haben sie herausbekommen, dass ich einen Brief überbringen soll, und sie hatten Angst, dass sich die Lehre von Paulus auch in Korinth ausbreiten könnte. Demetrius hat mir ein Angebot gemacht: Er lässt mich wieder laufen, wenn ich ihm verspreche, Paulus von der wahnwitzigen Idee abzubringen, dass Gott in den Menschen wohnt. Denn das hat ihr Geschäft kaputt gemacht. Auch die Juden sagen ja so ähnliche Sachen in der Synagoge und das passt ihnen auch nicht.«

Lucie zitterte: »Und was hätten sie gemacht, wenn du dich geweigert hättest und wir nicht gekommen wären?«

Lydia schaute Lucie an und schwieg.

»Hast du denn den Brief noch? Sind dort gefährliche Dinge geschrieben?«, wollte Sarah wissen. Aber Lucius hatte den Brief nicht mehr. Er hatte ihn auch nicht gelesen, denn die Entführer hatten ihn ihm gleich entrissen. Am Abend hatte Demetrius ihn gelesen und ins Feuer geworfen. »Damit ist jetzt ein für alle Mal Schluss«, hatte er gesagt und die Hütte verlassen.

»Was wirst du jetzt tun? Wird Paulus böse auf dich sein?«, fragte Philipp.

»Nein, das glaube ich nicht. Ich werde ihm genau erzählen, was passiert ist. Ich denke, er wird es verstehen. Auch die Händler sind sich nicht mehr einig. Ich habe mitbekommen, dass einige mit der Führung von Demetrius nicht einverstanden sind. Sie wollten, dass er mich gehen lässt. Aber er weigerte sich. Dann haben sie sich angeschrien. Und einer meinte, dass ihnen schon etwas einfallen würde. Demetrius mache das Geschäft kaputt und ruiniere mit seiner Sturheit die Händler.«

»Das muss der gewesen sein, der uns nach dem Gottesdienst erklärte, wo wir dich finden können«, erriet Daniel. »Es gibt hier also eine Opposition. Das ist gut für euch.«

»Mag sein. Auf jeden Fall müssen wir noch vorsichtiger sein. Paulus schreibt sicherlich einen zweiten Brief. Ich hoffe, den werde ich auch überbringen können.«

»Was? Du willst diesen schweren Auftrag noch einmal annehmen?«, fragte Anja.

»Klar. Es ist eine Ehre, für Paulus einen Brief überbringen zu dürfen, und ich hoffe, er gibt mir noch einmal eine Chance. Außerdem ist es eigentlich nicht schwer. Es gibt gute Wege, und mit den Booten kommt man überall hin. Das ist kein Problem.«

»Naja, es scheint schon, als gäbe es einige Probleme. Aber vielleicht hast du dieses Mal mehr Glück. Du weißt ja nun, dass du dich in Acht nehmen musst.«

Als sie das Pinienwäldchen am Theater erreichten, zogen sich die sechs Freunde zurück und wechselten ihre Kleidung.

»Endlich.«

»Ach ist das schön! Ich liebe meine Jeans.«

»Ich kann euch sagen, vorhin wäre ich beinahe gestürzt, als die mich verfolgten.«

»Genau, als Sportdress sind die Anziehsachen hier absolut ungeeignet.«

»Wie haben die denn früher Sport gemacht? Olympia liegt doch auch hier in der Nähe.«

»Die waren nackt.«

»Was? Alle Sportler waren nackt? Das stelle ich mir ja komisch vor.«

***

Die sechs Freunde holten ihre Zeitmaschine aus dem Versteck und rückten sie auf die Startposition. Jonas machte sich an ihr zu schaffen und stellte alle Koordinaten ein. Dann überprüfte er noch einmal alles und forderte die Freunde auf einzusteigen.

Ein bisschen traurig, aber irgendwie auch froh und glücklich über das bestandene Abenteuer verabschiedeten sich die sechs von Lucius und Lydia. »Denk immer an diese Melodie«, sagte Lucie zu Lydia und pfiff ihr noch einmal »Get down« vor, »dann weißt du, ich bin in deiner Nähe.« Die beiden schauten sich in die Augen und umarmten sich. Sie lebten 1.944 Jahre auseinander, aber sie fühlten sich nah und eng miteinander verbunden.

Dann ging Lucie auch zu Lucius und schaute in seine himmelblauen Augen. Lucius lächelte und ergriff ihre Hände. Er hob sie auf Augenhöhe, betrachtete und streichelte sie. Dann ließ er die Hände wieder sinken, ohne sie loszulassen, dabei schaute er in Lucies Augen. Langsam beugte er sich vor und gab ihr einen Kuss auf den Mund. Für Lucie stand die Zeit still. Dieser Kuss schien eine Ewigkeit zu dauern. Als er dennoch endete, drehte sich Lucius um und ging.

Lucie stieg als letzte in die Maschine. Sie sah Lucius nach und fing noch einmal einen Blick von Lydia auf. Sie wirkte ein wenig traurig, pfiff kurz ihr gemeinsames Lied, zuckte mit den Schultern – und folgte Lucius langsam.

Die Freunde schnallten sich an und machten sich auf die Rückreise. Lucie wischte sich die Tränen aus den Augen. Waren es Freudentränen, oder war es, weil sie so traurig war? Wahrscheinlich war es von beidem etwas.

Wieder zu Hause

Diese Geschichte ist doch wirklich zum Gähnen, dachte Lucie, hielt ihren Kopf aber mit gebührendem Abstand über dem Buch. Frau Blanker sollte glauben, dass sie sich gerade schwere Gedanken über die Frage machte, welche Rolle der Vater in der Geschichte spielte.

Es gelang ihr aber nicht, sich auf diese Frage zu konzentrieren. Sie hatten die Zeitmaschine für die Ankunft auf genau den Zeitpunkt eingestellt, von dem aus sie in die Vergangenheit gereist waren. War das jetzt alles wirklich erst so kurz her? Lucie hatte das Gefühl, unendlich viel erlebt und erfahren zu haben. Dabei passierte das alles gestern abend. Die Rückreise verlief ohne Zwischenfälle. Sie kamen nach ihrem Abenteuer bei Jonas in der Garage an. Plötzlich wurden alle sehr müde, und ohne viele Worte verabschiedeten sie sich und gingen nach Hause. Natürlich hatten Lucies Eltern bemerkt, dass sie nicht zu Hause war, und natürlich fragten sie, wo sie denn gewesen sei. Aber es beruhigte sie, als Lucie sagte, sie hätte zusammen mit Jonas noch ein wenig für die Deutscharbeit gelernt. Man kann doch alle Eltern der Welt mit dieser Aussage beruhigen, dachte Lucie und musste grinsen. Wenn sie wüssten, dass ich einen Jungen geküsst habe, der schon lange ...

Plötzlich bekam sie einen Schreck. Was war wohl aus Lucius und Lydia geworden? Hatten sie später geheiratet? Hatten sie Kinder? Es schmerzte Lucie, als sie daran dachte, dass sie Lucius nie wieder sehen würde. Es tat weh zu denken, dass ihre beiden neuen Freunde in einer anderen Zeit lebten. Aber irgendwie hatte sie das Gefühl, dass sie mit ihnen noch verbunden war. Das war ein komisches Gefühl. Fast so, als würde sie beobachtet werden und hätte keine Chance herauszufinden, von wo aus dies geschähe.

Lucies Blick wanderte wieder zum Fenster. Sie konnte nicht die ganze Stunde so tun, als würde sie, tief in das Buch versunken, nachdenken. Manche Leute denken nach und schauen dabei aus dem Fenster, dachte sie. Und das ist doch ein guter Anlass, sich abzulenken.

Sie sah den blauen Himmel mit einigen Wolken. Von der Straße herauf waren die Autos zu hören, der Baum stand immer noch an seinem Platz direkt vor ihrem Fenster. »Ach«, dachte sie, »wieso ist Schule immer so langweilig? Die wichtigen Fragen werden nie behandelt. Kann man sich in einen Jungen verlieben, der vor 1.944 Jahren lebte? Wer war der Mann, der ihnen etwas zu essen ins Schiff gelegt hatte? Wenn man hier ein Lied pfeift, ist es dann in einer anderen Zeit zu hören?«

Lucie seufzte bei dem Gedanken an Lydia und Lucius. Sie beobachtete im Geäst des Baumes einen Vogel. »Komisch«, dachte sie. »Können Vögel auch ohne Zeitmaschine durch die Zeit reisen? Begleiten sie die Menschen durch das Leben? Hat jeder Mensch einen eigenen Vogel, vielleicht als eine Art Schutz? Das wären doch mal Fragen für den Deutschunterricht ... «

Sie sah, wie der kleine Vogel herumhüpfte. Er sprang von Ast zu Ast. Plötzlich war er ihr ganz nah, nur durch das Fenster getrennt, und schaute ihr direkt in die Augen. Als er sich wegdrehte, sprang er auf einen anderen Ast, auf dem schon einer seiner Artgenossen saß.

Die beiden Piepmätze zwitscherten, schlugen mit ihren kleinen Flügeln und wippten auf und ab. Offensichtlich hatten sie sich viel zu erzählen und schienen sehr glücklich miteinander. Und wie verabredet schwangen sie sich gemeinsam in die Lüfte, flogen hoch hinauf und kreisten kurz über der Schule. Der Baum wurde kleiner, die Schule wurde kleiner und war für die beiden bald nur noch als Fleck zu erkennen. Dann machten sie einen Bogen und flogen quer über die Stadt. Wie klein sie wirkte, diese Stadt mit all dem Leben und dem Treiben, von so weit oben. In der Ferne tauchten schon die ersten Felder auf und das Rattern eines Zuges war zu hören. Die beiden Vögel flogen höher, zogen eine Schleife und verschwanden.

Horst Klaus Berg / Ulrike Weber
Benjamin und Julius
Geschichten einer Freundschaft zur Zeit Jesu
Mit Illustrationen von Anna Milow
calwer taschenbibliothek 55
136 Seiten, zahlreiche Abb., Bastelbögen
ISBN 3–7668–3447–9. In Zusammenarbeit mit
Kösel-Verlag GmbH & Co., München

Mit einer zünftigen Prügelei fängt sie an – die
Freundschaft zwischen dem jüdischen Jungen
Benjamin und Julius, dem Sohn des römischen
Centurio im Städtchen Kafarnaum.
Die Erzählung verwickelt Leserinnen und Leser in
die spannenden Erlebnisse der beiden Jungen. Sie
stellt die Welt Jesu lebendig vor Augen und lässt
viele altbekannte Geschichten des Neuen Testa-
ments in neuem Licht aufscheinen.
Das Buch fesselt nicht nur Kinder; auch Erwach-
sene lesen es mit Vergnügen und Gewinn.
Aus den abgedruckten Bastelbögen lässt sich ein
kleines Städtchen zur Zeit Jesu herstellen.

Beate Hochstetter
Josef, Petrus & Co.
Biblische Geschichten zum Erzählen,
Vorlesen und Schmökern
Mit Illustrationen von Angelica Guckes
calwer taschenbibliothek 67
112 Seiten, zahlreiche Abb.
ISBN 3–7668–3550–5

Das Buch bietet eine breite Palette biblischer
Geschichten für Kindergottesdienst, Schule und
Familie. Die Autorin gibt Erzählungen so wieder,
dass sie nicht nur »verstanden«, sondern auch
»nachempfunden« werden können. Angst und
Verzweiflung, aber auch Hoffnung, Befreiung und
Freude, die Menschen in der Bibel erfahren, werden in altersgemäßer Sprache nachvollziehbar
gemacht.